中国全図

蒙古

●乌鲁木齐

□喀什　　　新疆维吾尔自治区

□敦煌　甘肃省

银川

青海省　　西宁●　　　　　宁夏回
　　　　　　　　　　　　　自治区
　　　　　　　　　兰州

喜
马　　　西藏自治区
拉　　　　　　　　　　　　　　　　　　长
尼泊尔　　珠穆朗玛峰　　　　●拉萨　　　江　四川省
　　　▲雅　　　　　　　　　　　　　　　●成都
　　　不丹

印度　　　　　　　　　　　　　　　　　　　　　　　　贵

孟加拉国
　　　　　　　　　　　　　　　　　●昆明
　　　　　　　　　　　　云南省
　　　　缅甸
　　　　　　　　　　　　　　　　　　越　南
　　　　　　　　　　　　老挝

罗斯

黑龙江省

● 哈尔滨

内蒙古自治区

长春

吉林省

● 沈阳

辽宁省

乎和浩特

★北京市

朝鲜

东京 ★

河北省

天津市

□ 大连

韩国

● 太原

石家庄

渤海

山西省

● 济南

□ 青岛

山东省

黄 海

□
洛阳

● 郑州

江苏省

河南省

安徽省

苏州

湖北省

合肥

南京

□

上海市

武汉

杭州

长沙 ●

● 南昌

浙江省

东 海

湖南省

江西省

福建省

● 福州

台北 ○

区

□ 厦门

广东省

台湾

广州 ● 深圳

□

香港 （特别行政区）

澳门 （特别行政区）
マカオ

海口

★	首都
●	省都
□	有名都市
⊓⊔	万里の長城

2冊めの中国語

会話クラス

劉　　　穎
柴　　　森
杉野　元子
小澤　正人　著

白水社

表紙・挿絵　佐藤淳子

は じ め に

　本書は中国語の基礎を終えた人を対象に、週1回の授業用に作成しました。これまでの「中級」テキストのように「初級」から急に高度になるのではなく、1年間中国語を学んだ学習者がその延長で徐々にレベルアップできるように編集してあります。

　テキストは全体で12課からなっており、通年のクラスだけではなく、セメスター制のクラスでも使えます。また、本書の「姉妹編」となる《講読クラス》とは、本文の内容、文法項目、単語の多くが重なるため、併用すればさらに学習効果が高まります。

　本書の構成は次のとおりです。

1．［会　話］		大学2年生の日本人が留学生歓迎パーティで中国人留学生と知り合い、異文化交流をしながら中国語をレベルアップさせていきます。
	［キーポイント］	会話に出てきた文法や表現を、用例を挙げて簡潔にまとめました。ここでは新しい表現を学ぶとともに、初級で学んだ基礎文法も確認できます。
	［トレーニング］	豊富な練習問題を通して、本文に出た重要表現と単語の使い方を再確認しながら口慣らしをし、中国語の表現力を身につけていきます。
	［リスニング］	単語の聞き取りから始めて徐々に長い文や短い対話を聞き取る練習をし、コミュニケーションに対する自信をつけます。
2．［総合練習］		4課ごとに、短文、問答、対話理解などの練習問題で耳の練習を重ねます。音声はナチュラルに近いスピードで、自然な中国語に慣れることができるよう工夫してあります。
3．［単語表］		テキストの単語索引（中 → 日）

　現在、中国から大勢の留学生や観光客が日本にやってきて、中国語を使う実践の場を提供してくれています。そこで本書では、日本を舞台に、身近にいる中国人留学生との会話を設定しました。学習者がのちに中国人と知り合ったり、1人で中国に行ったりしたときに、最も基本的なことに対応できるようにと考え、使用頻度の高い単語や表現を使用しています。

　本書を通じて、学習者が無理なく着実に「聞く力」と「話す力」を身につけられることを願っています。

　　2023年10月

著　者

目　次

第1课	初次见面 —————— 6	① 名詞の前の"的" —————— 7
		② 前置詞"対"
		③ "多"＋動詞の重ね型

第2课	家庭 —————— 10	① 比較用法 —————— 11
		② "毎 ～ 都 …"
		③ 動詞・形容詞の前の"地"
		■家族呼称

第3课	互联网 —————— 14	① "除了 ～ 以外，…" —————— 15
		② 疑問詞の呼応表現
		③ "一点儿也不 / 没 ～"

第4课	逛街 —————— 18	① 使役動詞"让" —————— 19
		② 助詞"着"
		③ 複合方向補語

| 総 合 練 習 1 —————— 22-23 | | |

第5课	温泉旅行 —————— 24	① "是 ～ 的" —————— 25
		② "因为 ～ 所以 …"
		③ 結果補語

第6课	我的爱好 —————— 28	① "什么的" —————— 29
		② "一 ～ 就 …"
		③ 可能補語 (1)
		④ "只要 ～ 就 …"

第7课	交朋友 —————— 32	① 数量補語 —————— 33
		② 副詞"才"
		③ 様態補語

第8課	聚餐 —————— 36	① 疑問詞の不定用法 ——— 37
		② "无论 ～ 都 …"
		③ "连 ～ 都 …"
		④ 可能補語 (2)

総合練習2 ————————————— 40-41

第9課	闹钟 —————— 42	① "不是 ～ 就是 …" ——— 43
		② 反語文 "不是 ～ 吗"
		③ "再也不 ～ 了"
		④ 助動詞 "会"

第10課	打工 —————— 46	① "虽然 ～ 但是 …" ——— 47
		② "不但 ～ 而且 …"
		③ 離合詞
		④ "有" の兼語文

第11課	寒假 —————— 50	① "就要 ～ 了" ——— 51
		② 副詞 "就"
		③ 副詞 "都"

第12課	留学 —————— 54	① 助動詞 "要" ——— 55
		② "把" 構文
		③ "对 ～ 来说"
		④ "有" の連動文

総合練習3 ————————————— 58-59

単語リスト ————————————— 60

003
004

（留学生歓迎会にて）

高岛：你　好！　我　叫　高岛　明，　是　心理学　系　二　年级　的　学生。
　　　Nǐ　hǎo!　Wǒ　jiào　Gāodǎo　Míng,　shì　xīnlǐxué　xì　èr　niánjí　de　xuésheng.

李芳：你　好！　我　叫　李　芳，　是　今年　刚　来　的　留学生。
　　　Nǐ　hǎo!　Wǒ　jiào　Lǐ　Fāng,　shì　jīnnián　gāng　lái　de　liúxuéshēng.

高岛：你　学习　什么　专业？
　　　Nǐ　xuéxí　shénme　zhuānyè?

李芳：日本　文学。　我　对　日本　的　现代　小说　很　感　兴趣。
　　　Rìběn　wénxué.　Wǒ　duì　Rìběn　de　xiàndài　xiǎoshuō　hěn　gǎn　xìngqù.

高岛：我　对　中国人　的　消费　心理　非常　感　兴趣。
　　　Wǒ　duì　Zhōngguórén　de　xiāofèi　xīnlǐ　fēicháng　gǎn　xìngqù.

李芳：是　吗？　我　特别　喜欢　逛　商店　买　东西。
　　　Shì　ma?　Wǒ　tèbié　xǐhuan　guàng shāngdiàn　mǎi　dōngxi.

高岛：下　次，　我　跟　你　一起　去，　可以　吗？
　　　Xià　cì,　wǒ　gēn　nǐ　yìqǐ　qù,　kěyǐ　ma?

李芳：可以　啊！　下　次　去　的　时候，　我　联系　你。
　　　Kěyǐ　a!　Xià　cì　qù　de　shíhou,　wǒ　liánxì　nǐ.

高岛：太　好　了！　这　是　我　的　手机号　和　电子　邮箱。
　　　Tài　hǎo　le!　Zhè　shì　wǒ　de　shǒujīhào　hé　diànzǐ　yóuxiāng.

李芳：好的，　今后　我们　多　交流交流　吧。
　　　Hǎode,　jīnhòu　wǒmen　duō　jiāoliújiaoliu　ba.

002　単 語

初次见面 chūcì jiànmiàn　はじめまして　　**心理学** xīnlǐxué 图　心理学　　**系** xì 图　学部　　**年级** niánjí 图　学年
刚 gāng 副　～したばかりである　　**专业** zhuānyè 图　学科、専攻　　**对** duì 前　～に対して　　**现代** xiàndài 图　現代　　**小说** xiǎoshuō 图　小説　　**感兴趣** gǎn xìngqù　興味がある　　**消费** xiāofèi 动　消費する　　**特别** tèbié 副　ことのほか　　**逛** guàng 动　ぶらつく、見てまわる　　＊ **逛商店** guàng shāngdiàn　ウィンドーショッピングをする
下次 xià cì　次回、今度　　**跟** gēn 前　～と　　**啊** a 助　～ね、～よ　　**联系** liánxì 动　連絡する
手机号 shǒujīhào 图　携帯電話の番号　　**电子邮箱** diànzǐ yóuxiāng　メールアドレス　　**好的** hǎode　よろしい
今后 jīnhòu 图　今後　　**交流** jiāoliú 动　交流する、コミュニケーションを取る

1 **名詞の前の"的"**── 名詞の前に修飾語がくるときに使う。修飾語には名詞、形容詞、動詞やフレーズなどがある。 ⓪⓪5

我　是　心理学　系　二　年级　**的**　学生。
Wǒ　shì　xīnlǐxué　xì　èr　niánjí　de　xuésheng.

我们　学校　有　一　个　很　大　**的**　体育馆。
Wǒmen　xuéxiào　yǒu　yí　ge　hěn　dà　de　tǐyùguǎn.

喜欢　逛　商店　**的**　人　不　太　多。
Xǐhuan　guàng　shāngdiàn　de　rén　bú　tài　duō.

2 **前置詞"对"**　「〜に対して」── 前置詞フレーズは、動詞や形容詞の前に置く。

高岛　**对**　消费　心理　特别　感　兴趣。
Gāodǎo　duì　xiāofèi　xīnlǐ　tèbié　gǎn　xìngqù.

她　**对**　社团　活动　不　太　感　兴趣。
Tā　duì　shètuán　huódòng　bú　tài　gǎn　xìngqù.

＊ 社团活动 shètuán huódòng：
（学生の）クラブやサークル活動

老师　**对**　学生们　的　回答　很　满意。
Lǎoshī　duì　xuéshengmen　de　huídá　hěn　mǎnyì.

＊ 满意 mǎnyì：満足する

3 **"多"＋動詞の重ね型**　「頻繁に〜してみる」「気軽に〜を繰り返してやる」

今后　我们　**多**　交流交流　吧。
Jīnhòu　wǒmen　duō　jiāoliújiaoliu　ba.

你们　应该　**多**　复习复习。
Nǐmen　yīnggāi　duō　fùxífuxi.

＊ 应该 yīnggāi：〜すべきである
＊ 复习 fùxí：復習する

不　懂　的　时候　**多**　问问　老师。
Bù　dǒng　de　shíhou　duō　wènwen　lǎoshī.

1 音声を聞いて、次の語句を覚えましょう。

1)
时装
shízhuāng

2)
年轻人
niánqīngrén

3)
平板 电脑
píngbǎn diànnǎo

4)
动漫 游戏
dòngmàn yóuxì

2 次の文にピンインを付け、日本語に訳し、さらに読みましょう。

1) 这 是 我 昨天 刚 买 的 平板 电脑。

ピンイン _____

日本語訳 _____

2) 我 对 日本 的 动漫 游戏 非常 感 兴趣。

ピンイン _____

日本語訳 _____

3) 现在 喜欢 日本 时装 的 年轻人 很 多。

ピンイン _____

日本語訳 _____

3 日本語の指示に従って空欄を埋め、自己紹介文を完成させましょう。「興味のあること」については、辞書などで調べて記入してください。

我 叫 _____ , 我 是 _____ 大学
Wǒ jiào （ フルネーム ） wǒ shì （ 大学名 ） dàxué

_____ 系 _____ 的 学生。
（ 学部名 ） xì （ 学年 ） de xuésheng.

我 的 专业 是 _____ 。
Wǒ de zhuānyè shì （ 専攻 ）

我 对 _____ 很 感 兴趣。
Wǒ duì （ 興味のあること ） hěn gǎn xìngqù.

1 日本語に合う中国語が読まれた順に番号を書き入れ、さらに簡体字で書き取りましょう。 (008)

	来たばかりの留学生	....
	現代の小説が好きだ	....
	アニメゲームに興味がある	....

2 音声を聞いて、下線部に入る語句を書き取り、さらに会話してみましょう。 (009)

A：你　学习 ....?
　　Nǐ　xuéxí

B：...。

A：你　对　什么 ....?
　　Nǐ　duì　shénme

B：中国　的 ....。
　　Zhōngguó　de

3 音声を聞いて質問文を書き取り、さらに中国語で答えましょう。 (010)

1) .... 　答：...

2) .... 　答：...

4 男女の会話を聞き、それについての質問に中国語で答えましょう。質問中の nánde（男的）(011)
は「男性」、nǚde（女的）は「女性」という意味です。

1) ....

2) ....

3) ....

4) ....

(013)
(014)

李芳：高岛， 你 家 有 几 口 人？
　　　Gāodǎo, nǐ jiā yǒu jǐ kǒu rén?

高岛：六 口 人。 爷爷、 爸爸、 妈妈、 姐姐、 弟弟 和 我。
　　　Liù kǒu rén. Yéye、 bàba、 māma、 jiějie、 dìdi hé wǒ.

李芳：我 家 只 有 三 口 人， 没有 你 家 那么 热闹。
　　　Wǒ jiā zhǐ yǒu sān kǒu rén, méiyǒu nǐ jiā nàme rènao.

高岛：我 爷爷 今年 七十五 岁， 他 经常 去 爬山。
　　　Wǒ yéye jīnnián qīshiwǔ suì, tā jīngcháng qù páshān.

李芳：他 身体 很 健康 啊！ 你 父母 都 工作 吗？
　　　Tā shēntǐ hěn jiànkāng a! Nǐ fùmǔ dōu gōngzuò ma?

高岛：都 工作。 他们 每 天 都 很 忙， 很 辛苦。
　　　Dōu gōngzuò. Tāmen měi tiān dōu hěn máng, hěn xīnkǔ.

李芳：我 父母 也 都 工作， 非常 辛苦。 你 姐姐 今年 多大？
　　　Wǒ fùmǔ yě dōu gōngzuò, fēicháng xīnkǔ. Nǐ jiějie jīnnián duōdà?

高岛：二十一 岁。 她 今年 大学 四 年级， 正在 努力 地 找 工作。
　　　Èrshiyī suì. Tā jīnnián dàxué sì niánjí, zhèngzài nǔlì de zhǎo gōngzuò.

　　　我 弟弟 还 是 初中生， 整天 光 玩儿…
　　　Wǒ dìdi hái shì chūzhōngshēng, zhěngtiān guāng wánr…

李芳：真 羡慕 你！ 我 是 独生女， 没有 兄弟 姐妹。
　　　Zhēn xiànmù nǐ! Wǒ shì dúshēngnǚ, méiyǒu xiōngdì jiěmèi.

(012) **单语**

家庭 jiātíng 名 家庭　　口 kǒu 量 （家族の人数を数えるときに使う）～人　　爷爷 yéye 名 父方の祖父
只 zhǐ 副 ～だけ、～しかない　　那么 nàme 代 あんなに、そんなに　　热闹 rènao 形 にぎやかである
岁 suì 名 歳　　爬山 páshān 動 山登りする　　健康 jiànkāng 形 健康である　　每～都… měi ～ dōu … すべて
の～はみな…　　辛苦 xīnkǔ 形 心身ともにつらい、苦労する　　多大 duōdà 何歳　　正在 zhèngzài 副 ちょうど～
している　　地 de 助 動詞・形容詞の前に修飾語がくるときに使う　　找 zhǎo 動 探す　　还 hái 副 まだ
初中生 chūzhōngshēng 名 中学生　　整天 zhěngtiān 名 一日中　　光 guāng 副 ～してばかり　　羡慕 xiànmù 動
うらやむ　　独生女 dúshēngnǚ 名 一人娘（一人息子は "独生子" dúshēngzǐ）　　兄弟 xiōngdì 名 兄弟
姐妹 jiěmèi 名 姉妹

1 比較用法 　　A "没（有）" B ～ 　　「A は B ほど～ではない」 015

我 　家 　没（有） 　你 　家 　那么 　热闹。
Wǒ 　jiā 　méi(yǒu) 　nǐ 　jiā 　nàme 　rènao.

他 　哥哥 　没（有） 　你 　这么 　高。 　　＊ 这么 zhème：こんなに、そんなに
Tā 　gēge 　méi(yǒu) 　nǐ 　zhème 　gāo.

坐 　公交车 　去 　没（有） 　坐 　电车 　去 　快。
Zuò 　gōngjiāochē 　qù 　méi(yǒu) 　zuò 　diànchē 　qù 　kuài.

　　＊ "这么" と "那么" は形容詞の前に置き、程度を表わす。

2 "每 ～ 都 …" 　「すべての～はみな…」── 例外がないことを表わす。

我 　父母 　每 　天 　都 　很 　忙。
Wǒ 　fùmǔ 　měi 　tiān 　dōu 　hěn 　máng.

每 　个 　人 　都 　有 　自己 　的 　理想。
Měi 　ge 　rén 　dōu 　yǒu 　zìjǐ 　de 　lǐxiǎng.

　　＊否定文は "每" の前に "不是" を使うのが一般的である。

你 　每 　天 　都 　打工 　吗? ── 我 　不 　是 　每 　天 　都 　打工。
Nǐ 　měi 　tiān 　dōu 　dǎgōng 　ma? 　　Wǒ 　bú 　shì 　měi 　tiān 　dōu 　dǎgōng.

3 動詞・形容詞の前の "地" ── 動詞や形容詞の前に修飾語がくるときに使う。修飾語には
　　　　　　　　　　　　　　　　形容詞や成語、フレーズなどがある。

我 　姐姐 　在 　努力 　地 　写 　论文。
Wǒ 　jiějie 　zài 　nǔlì 　de 　xiě 　lùnwén.

他 　在 　一心一意 　地 　看 　书。 　　＊ 一心一意 yìxīnyíyì：一心不乱に
Tā 　zài 　yìxīnyíyì 　de 　kàn 　shū.

爷爷 　不 　停 　地 　说： "好吃！ 　好吃！"。 　　＊ 停 tíng：止まる
Yéye 　bù 　tíng 　de 　shuō: "Hǎochī！ 　Hǎochī！"

── ■ 家族呼称 ■ ── 016

爷爷 yéye（祖父 zǔfù） 　　姥爷 lǎoye（外祖父 wàizǔfù） 　　爸爸 bàba（父亲 fùqin）
父方のおじいさん（祖父） 　　母方のおじいさん（外祖父） 　　お父さん（父親）

奶奶 nǎinai（祖母 zǔmǔ） 　　姥姥 lǎolao（外祖母 wàizǔmǔ） 　　妈妈 māma（母亲 mǔqin）
父方のおばあさん（祖母） 　　母方のおばあさん（外祖母） 　　お母さん（母親）

017 **1** 音声を聞いて、次の語句を覚えましょう。

1)	2)	3)	4)

悠闲	拼命	自由自在	兄弟 姐妹
yōuxián	pīnmìng	zìyóuzìzài	xiōngdì jiěmèi

018 **2** 次の文にピンインを付け、日本語に訳し、さらに読みましょう。

1) 　　　我　喜欢　自由自在　地　生活。

ピンイン ....

日本語訳 ....

2) 　　　我　爸爸　每　天　都　拼命　地　工作。

ピンイン ....

日本語訳 ....

3) 　　　我　哥哥　没有　我　姐姐　那么　悠闲。

ピンイン ....

日本語訳 ....

3 日本語を参考に、（　　　）に語句を書き入れましょう。

A：你　（　　　　　　　　　　　）　吗?　　　　　　　　（あなたは兄弟姉妹がいますか。）
　　Nǐ　　　　　　　　　　　　　　ma ?

B：（　　　　）。　我　有　（　　　　　　　　）。　　　（はい、兄が一人います。）
　　　　　　　　　Wǒ　yǒu

A：你　哥哥　今年　（　　　　　　）？　　　　　　　　（お兄さんは今年何歳ですか。）
　　Nǐ　 gēge　jīnnián

B：（　　　　　　）。　他　明年　大学　（　　　　　　）。
　　　　　　　　　　　　Tā　míngnián　dàxué

　　　　　　　　　　　　　　　　　　　　　　　（21歳です。彼は来年大学を卒業します。）

1 日本語に合う中国語が読まれた順に番号を書き入れ、さらに簡体字で書き取りましょう。 ⌢019

	毎日アルバイトをする	----------------------------------
	彼は私ほど忙しくない	----------------------------------
	一生懸命に仕事を探す	----------------------------------
	一日中遊んでばかりいる	----------------------------------

2 音声を聞いて、下線部に入る語句を書き取り、さらに会話してみましょう。 ⌢020

A：_____？

B：五　口　人。　_____。
　　Wǔ　kǒu　rén.

A：你　爷爷　奶奶 _____ 吧?
　　Nǐ　yéye　nǎinai　　　　　　　　　　　　　ba ?

B：对。　他们　每　天 _____ 散步。
　　Duì.　Tāmen　měi　tiān　　　　　　　　　　sànbù.

3 音声を聞いて質問文を書き取り、さらに中国語で答えましょう。 ⌢021

1) ---------------------------------- 答：----------------------------------

2) ---------------------------------- 答：----------------------------------

3) ---------------------------------- 答：----------------------------------

4 男女の会話を聞き、それについての質問に中国語で答えましょう。 ⌢022

1) ----------------------------------

2) ----------------------------------

(024)
(025)

高岛： 你　的　手机壳儿　真　漂亮！
　　　Nǐ　de　shǒujīkér　zhēn　piàoliang !

李芳： 是　吗?　这　是　我　在　网上　买　的。
　　　Shì　ma ?　Zhè　shì　wǒ　zài　wǎngshàng　mǎi　de.

高岛： 你　除了　喜欢　逛　商店　以外，　还　喜欢　网购　啊！
　　　Nǐ　chúle　xǐhuan　guàng　shāngdiàn　yǐwài,　hái　xǐhuan　wǎnggòu　a !

李芳： 方便　嘛！　可以　想　什么　时候　买，　就　什么　时候　买。
　　　Fāngbiàn　ma !　Kěyǐ　xiǎng　shénme　shíhou　mǎi,　jiù　shénme　shíhou　mǎi.

高岛： 我　妈妈　和　我　姐姐　也　喜欢　在　网上　买　东西。
　　　Wǒ　māma　hé　wǒ　jiějie　yě　xǐhuan　zài　wǎngshàng　mǎi　dōngxi.

李芳： 网上　的　东西　还　很　便宜。　你　不　网购　吗?
　　　Wǎngshàng　de　dōngxi　hái　hěn　piányi.　Nǐ　bù　wǎnggòu　ma ?

高岛： 我　很　少　买　东西。　我　常　跟　朋友　在　网上　聊天儿。
　　　Wǒ　hěn　shǎo　mǎi　dōngxi.　Wǒ　cháng　gēn　péngyou　zài　wǎngshàng　liáotiānr.

李芳： 我　也　常　跟　国内　的　家人　在　网上　聊天儿。
　　　Wǒ　yě　cháng　gēn　guónèi　de　jiārén　zài　wǎngshàng　liáotiānr.

高岛： 我　还　喜欢　动漫　游戏。　你　呢?
　　　Wǒ　hái　xǐhuan　dòngmàn　yóuxì.　Nǐ　ne ?

李芳： 我　对　打　游戏　一点儿　也　不　感　兴趣！
　　　Wǒ　duì　dǎ　yóuxì　yìdiǎnr　yě　bù　gǎn　xìngqù !

(023) **单 语**

互联网 hùliánwǎng 图　インターネット　　手机壳儿 shǒujīkér 图　携帯電話のケース　　漂亮 piàoliang 形　（見た目が）
きれいである　　网上 wǎngshàng　インターネット上　　除了～ chúle ～ 副　～のほかに、～を除いて
网购 wǎnggòu 動　ネットショッピングをする　　方便 fāngbiàn 形　便利である、都合がよい　　嘛 ma 助　～じゃない
のか　　就 jiù 副　（仮定などを表わす前節を受けて）そうしたら、それなら　　还 hái 副　その上、また
很少 hěn shǎo　めったに～しない　　常 cháng 副　よく、しょっちゅう　　聊天儿 liáotiānr 動　世間話をする、雑談をす
る　　家人 jiārén 图　家族　　动漫游戏 dòngmàn yóuxì　アニメゲーム　　打游戏 dǎ yóuxì　ゲームをやる
一点儿也不～ yìdiǎnr yě bù ～　少しも～しない、まったく～しない

026

1 **"除了 ～ 以外，…"** 「～のほかに…」「～を除いて…」── "以外"は省略できる。

李 芳 **除了** 喜欢 逛 商店 (以外)，还 喜欢 网购。
Lǐ Fāng chúle xǐhuan guàng shāngdiàn (yǐwài), hái xǐhuan wǎnggòu.

她 **除了** 会 说 汉语 (以外)，还 会 说 英语。
Tā chúle huì shuō Hànyǔ (yǐwài), hái huì shuō Yīngyǔ.

昨天 **除了** 小 刘 (以外)，大家 都 来 了。
Zuótiān chúle Xiǎo Liú (yǐwài), dàjiā dōu lái le.

2 **疑問詞の呼応表現** ── 同じ疑問詞を 2 回使い、同じ人物や物事を指す。後節には、前節を
受けて「それなら」の意味を表わす "就"を使うことが多い。

哪 家 店 便宜，就 在 **哪** 家 店 买。
Nǎ jiā diàn piányi, jiù zài nǎ jiā diàn mǎi.

你 明天 **几** 点 方便，就 **几** 点 来 吧。
Nǐ míngtiān jǐ diǎn fāngbiàn, jiù jǐ diǎn lái ba.

孩子们 想 吃 **什么**，妈妈 就 做 **什么**。 ＊ 孩子 háizi：子供
Háizimen xiǎng chī shénme, māma jiù zuò shénme.

3 **"一点儿也不 / 没 ～"** 「少しも～しない／しなかった」「まったく～しない／しなかった」

我 对 打 游戏 **一点儿** 也 不 感 兴趣。
Wǒ duì dǎ yóuxì yìdiǎnr yě bù gǎn xìngqù.

今天 的 早饭 我 **一点儿** 也 没 吃。
Jīntiān de zǎofàn wǒ yìdiǎnr yě méi chī.

＊ "一点儿**都**不 / 没 ～"も同じ意味で使う。

今天 的 作业 我 **一点儿** 都 没 写。
Jīntiān de zuòyè wǒ yìdiǎnr dōu méi xiě.

027 **1** 音声を聞いて、次の語句を覚えましょう。

1)

网站
wǎngzhàn

2)

网店
wǎngdiàn

3)

网页
wǎngyè

4)

网吧
wǎngbā

028 **2** 次の文にピンインを付け、日本語に訳し、さらに読みましょう。

1)　　　设计　网页　一点儿　也　不　难。 　　　　　　　　　　＊ 设计 shèjì：設計する

ピンイン _____

日本語訳 _____

2)　　　哪个　网店　的　东西　便宜，就　在　哪个　网店　买。

ピンイン _____

日本語訳 _____

3)　　　这个　网站　除了　日本　文化，还　介绍　中国　文化。

ピンイン _____

日本語訳 _____

3 日本語を参考に、（　　）に語句を書き入れましょう。

1) A：我　爱　（　　　　　　）　打　游戏。　　　（私はインターネットカフェでゲー
　　　 Wǒ　ài　　　　　　　　　dǎ　yóuxì.　　　　　 ムをするのが好きです。）

　　 B：我　还　（　　　　　　）　网吧　呢。　　　（私はまだインターネットカフェに
　　　 Wǒ　hái　　　　　　　　wǎngbā　ne.　　　　 行ったことがないんですよ。）

2) A：听说　你　（　　　）　英语　和　汉语，（　　　）　懂　意大利语。
　　　 Tīngshuō　nǐ　　　　 Yīngyǔ　hé　Hànyǔ,　　　　　 dǒng　Yìdàlìyǔ.

　　　（話によると、あなたは英語と中国語のほかに、イタリア語もわかるそうですね。）

　　 B：英语　和　汉语　懂　（　　　　），不过　意大利语　（　　　　　　）　懂。
　　　 Yīngyǔ　hé　Hànyǔ　dǒng　　　　　 búguò　Yìdàlìyǔ　　　　　　　 dǒng.

　　　（英語、中国語は少しわかりますが、イタリア語は少しもわかりません。）

1 日本語に合う中国語が読まれた順に番号を書き入れ、さらに簡体字で書き取りましょう。 🎧029

	ネットショッピングをするのが好きだ	
	ゲームをするのが好きだ	
	少しも好きではない	

2 音声を聞いて、下線部に入る語句を書き取り、さらに会話してみましょう。 🎧030

A： 你 喜欢 ＿＿＿＿＿＿＿＿＿ 吗?
　　Nǐ　xǐhuan　　　　　　　　 ma ?

B： 喜欢，＿＿＿＿＿＿＿＿＿，也 ＿＿＿＿＿＿＿＿＿。
　　Xǐhuan,　　　　　　　　　　 yě

A： 你 一般 ＿＿＿＿＿＿＿＿＿ 买?　　　　＊ 一般：普通、たいてい
　　Nǐ　yìbān　　　　　　　　 mǎi ?

B： ＿＿＿＿＿＿＿＿＿ 便宜， 就 在 ＿＿＿＿＿＿＿＿＿ 买。
　　　　　　　　　　 piányi,　jiù　zài　　　　　　　 mǎi.

3 音声を聞いて質問文を書き取り、さらに中国語で答えましょう。 🎧031

1) ＿＿＿＿＿＿＿＿＿＿＿＿＿＿　答：＿＿＿＿＿＿＿＿＿＿＿＿＿＿

2) ＿＿＿＿＿＿＿＿＿＿＿＿＿＿　答：＿＿＿＿＿＿＿＿＿＿＿＿＿＿

4 男女の会話を聞き、それについての質問に中国語で答えましょう。 🎧032

1) ＿＿＿＿＿＿＿＿＿＿＿＿＿＿＿＿＿＿＿＿＿＿＿＿＿＿＿＿＿

2) ＿＿＿＿＿＿＿＿＿＿＿＿＿＿＿＿＿＿＿＿＿＿＿＿＿＿＿＿＿

3) ＿＿＿＿＿＿＿＿＿＿＿＿＿＿＿＿＿＿＿＿＿＿＿＿＿＿＿＿＿

第 **4** 课　*逛街*
Guàngjiē

034 李芳：高岛，　不好意思，　让　你　久　等　了。
　　　Gāodǎo,　　bùhǎoyìsi,　　ràng　nǐ　jiǔ　děng　le.

035 高岛：没事儿，　我　一直　坐着　玩儿　手机，　一点儿　也　不　累。
　　　Méishìr,　wǒ　yìzhí　zuòzhe　wánr　shǒujī,　yìdiǎnr　yě　bú　lèi.

李芳：今天　你　陪　我　逛街　吧。　我　想　看看　皮包。
　　　Jīntiān　nǐ　péi　wǒ　guàngjiē　ba.　Wǒ　xiǎng　kànkan　píbāo.

高岛：可以　啊，　今天　你　想　做　什么，　我　就　陪　你　做　什么。
　　　Kěyǐ　a,　jīntiān　nǐ　xiǎng　zuò　shénme,　wǒ　jiù　péi　nǐ　zuò　shénme.

（2 人はあるおしゃれな店の前に来て）

李芳：欸，　我　觉得　这　家　店　挺　不错　的。
　　　Éi,　wǒ　juéde　zhè　jiā　diàn　tǐng　búcuò　de.

高岛：是　吗?　那　我们　进去　看看　吧。
　　　Shì　ma?　Nà　wǒmen　jìnqu　kànkan　ba.

李芳：我　想　看看　架子　上　摆着　的　那个　皮包。
　　　Wǒ　xiǎng　kànkan　jiàzi　shàng　bǎizhe　de　nèige　píbāo.

高岛：是　最　上面　的　那个　吗?　我　帮　你　拿下来。
　　　Shì　zuì　shàngmiàn　de　nèige　ma?　Wǒ　bāng　nǐ　náxialai.

（李芳さんは鏡を見ながら高岛さんに尋ねる）

李芳：这　是　今年　的　最　新款!　你　觉得　怎么样?
　　　Zhè　shì　jīnnián　de　zuì　xīnkuǎn!　Nǐ　juéde　zěnmeyàng?

高岛：挺　好看　的。　不过，　价钱　太　贵　了　吧!
　　　Tǐng　hǎokàn　de.　Búguò,　jiàqian　tài　guì　le　ba!

033 **单 语**
―――――――――――――――――――――――――――

逛街 guàngjiē 動 街をぶらつく　　**不好意思** bùhǎoyìsi 申し訳ない、面目ない　　**让** ràng 動 （人を）～させる
久 jiǔ 形 （時間が）長い、久しい　　**等** děng 動 待つ　　**没事儿** méishìr なんでもない、大したことない
一直 yìzhí 副 ずっと　　**着** zhe 助 ～ている、～して／しながら（…する）　　**累** lèi 形 疲れている　　**陪** péi 動
付き添う　　**皮包** píbāo 名 （革製の）カバン、バッグ　　**欸** éi 感 ねえ　　**家** jiā 量 ～軒　　**挺～的** tǐng～de
なかなか～だ　　**不错** búcuò 形 悪くない、なかなかよい　　**进** jìn 動 入る　　**架子** jiàzi 名 棚　　**摆** bǎi 動 並
べる　　**最上面** zuì shàngmiàn 最上段　　**帮** bāng 動 （代わりに）～してあげる、助ける　　**拿** ná 動 手に持つ、手に
取る　　**最新款** zuì xīnkuǎn 最新型　　**价钱** jiàqian 名 値段

18

1 **使役動詞"让"**　「(人) に～させる」「(人) に～するようにと言う」

036

| 主語 + "让" + 人 + 動詞 + (目的語) |

老师　**让**　大家　明天　早　一点儿　来。
Lǎoshī　ràng　dàjiā　míngtiān　zǎo　yìdiǎnr　lái.

＊否定文は"让"の前に"不"か"没"を置く。

她　**不**　**让**　丈夫　在　家　里　抽烟。　　　　＊ 丈夫 zhàngfu：夫
Tā　bú　ràng　zhàngfu　zài　jiā　lǐ　chōuyān.

2 **助詞"着"** ── (1) 動詞のすぐ後に置き、持続を表わす。
　　　　　　　　　(2) 前の動詞のすぐ後に置き、後ろの動詞の手段や状態を表わす。
　　　　　　　　　「～して／しながら (…する)」

她　想　看看　架子　上　摆**着**　的　那个　皮包。
Tā　xiǎng　kànkan　jiàzi　shàng　bǎizhe　de　nèige　píbāo.

高岛　一直　坐**着**　玩儿　手机。
Gāodǎo　yìzhí　zuòzhe　wánr　shǒujī.

3 **複合方向補語** ── 単純方向補語1 + 単純方向補語2 ("来／去") で複合方向補語を作り、
　　　　　　　　　　　動詞の後に置き、動作の方向を表わす。

単純方向補語1 / 単純方向補語2	上	下	进	出	回	过	起
来	上来	下来	进来	出来	回来	过来	起来
去	上去	下去	进去	出去	回去	过去	／

他　走**出去**　了。
Tā　zǒuchuqu　le.

◆ 場所目的語は"来／去"の前に置く。

学生们　跑**出**　教室　**去**　了。　　　　＊ 跑 pǎo：走る
Xuéshengmen　pǎochū　jiàoshì　qu　le.

◆ その他の目的語は"来／去"の前または後に置く。

她　从　架子　上　拿**下来**　一　个　皮包。
Tā　cóng　jiàzi　shàng　náxialai　yí　ge　píbāo.

她　从　架子　上　拿**下**　一　个　皮包　**来**。
Tā　cóng　jiàzi　shàng　náxia　yí　ge　píbāo　lai.

037 **1** 音声を聞いて、次の語句を覚えましょう。

1)

开着
kāizhe

2)

关着
guānzhe

3)

站着
zhànzhe

4)

躺着
tǎngzhe

038 **2** 次の文にピンインを付け、日本語に訳し、さらに読みましょう。

1) 　　教室 的 门 开着, 窗户 关着。　　　　　　　　＊ 窗户 chuānghu：窓

ピンイン ....

日本語訳 ....

2) 　　我 在 电车 里 喜欢 站着 听 音乐。

ピンイン ....

日本語訳 ....

3) 　　我 睡觉 前 喜欢 躺着 玩儿 手机。

ピンイン ....

日本語訳 ....

3 日本語を参考に、（　　）に語句を書き入れましょう。

1) A：高岛 （　　　　　　　　）?　　　　　　　　（高島さんはいますか。）
　　　Gāodǎo

　　B：不 在。 他 刚 （　　　　　　　　） 了。　　（いません。彼は走って教室
　　　　Bú　zài.　Tā　gāng　　　　　　　　　le.　　　を出ていったばかりです。）

2) A：我 打算 （　　　　） 开车, 你 呢?　　　（私は車の運転を習うつもり
　　　Wǒ　dǎsuàn　　　　　kāichē,　nǐ　ne?　　　ですが、あなたは？）

　　B：我 父母 （　　　　　　　　） 开车。　　（両親は私に車の運転を習わ
　　　Wǒ　fùmǔ　　　　　　　　kāichē.　　　　せてくれません。）

20

1 日本語に合う中国語が読まれた順に番号を書き入れ、さらに簡体字で書き取りましょう。 039

	長らくお待たせしました。	....
	彼はあなたを待っていますよ。	....
	取り出してください。	....

2 音声を聞いて、下線部に入る語句を書き取り、さらに会話してみましょう。 040

1) A： 你　一直 .... 打　电脑，................ 休息休息　吧。　＊ 打电脑：パソコン（の
　　　Nǐ　yìzhí　　　　　　 dǎ　diànnǎo,　　　　　　　 xiūxixiuxi　ba.　　　　　　キーボード）を打つ

　　 B： ....，我 .... 不　累。
　　　　　　　　　　　　wǒ　　　　　　　 bú　lèi.

2) A： 我　特别　喜欢 ....，你　呢?
　　　Wǒ　tèbié　xǐhuan　　　　　　　　　　　 nǐ　ne ?

　　 B： 我　父母 .... 打　游戏。
　　　　Wǒ　fùmǔ　　　　　　　　 dǎ　yóuxì.

3 音声を聞いて質問文を書き取り、さらに中国語で答えましょう。 041

1) ....

　　 答：..

2) ....

　　 答：..

4 男女の会話を聞き、それについての質問に中国語で答えましょう。 042

1) ....

2) ....

3) ....

総合練習 1

(043) **1** 音声の読まれた順に〔 〕に番号を書き入れ、発音練習しましょう。

1) 躺着　　　站着　　　关着　　　开着　　　摆着　　　坐着
〔　〕　　〔　〕　　〔　〕　　〔　〕　　〔　〕　　〔　〕

2) 写论文　　打游戏　　感兴趣　　联系你　　羡慕你
〔　〕　　　〔　〕　　　〔　〕　　　〔　〕　　　〔　〕

3) 平板电脑　　自由自在　　不好意思　　让你久等
〔　〕　　　　〔　〕　　　　〔　〕　　　〔　〕

(044) **2** 音声を聞き、その内容として最も適当なものを、それぞれ A ～ C から選びましょう。

```
メモ


```

1) A　男性はアニメが大好きである。
B　二人ともゲームが好きである。
C　女性は漫画に興味を持っている。

2) A　男性は女性をアニメを見に行くことを誘った。
B　女性は時間がないから男性の誘いを断った。
C　二人は一緒にゲームをやることを約束した。

(045) **3** 音声を聞いて質問文を書き取り、それに対して最も適当な答えを、A ～ C の中から選びましょう。

1)

A　　　　　　　　　B　　　　　　　　　C

2)

A　　　　　　　　　B　　　　　　　　　C

3)

A　　　　　　　　　B　　　　　　　　　C

4　問題文を聞き、その後の質問に対する答えとして最も適当なものを、それぞれ A ～ D の中か　(046)
ら選びましょう。

```
メモ




```

1)

　A　　　　　　　B　　　　　　　C　　　　　　　D

2)

　A　　　　　　　B　　　　　　　C　　　　　　　D

5　音声を聞いて質問文を書き取り、さらに中国語で答えましょう。　(047)

1) 問：..

　　答：..

2) 問：..

　　答：..

3) 問：..

　　答：..

4) 問：..

　　答：..

(049)
(050)

李芳： 黄金周 你 出去 玩儿 了 吗?
Huángjīnzhōu nǐ chūqu wánr le ma?

高岛： 我们 全家 去 伊豆 泡 温泉 了。
Wǒmen quánjiā qù Yīdòu pào wēnquán le.

李芳： 真 不错! 你们 是 开车 去 的 吗?
Zhēn búcuò! Nǐmen shì kāichē qù de ma?

高岛： 是。 因为 是 黄金周， 所以 路上 一直 堵车。
Shì. Yīnwèi shì huángjīnzhōu, suǒyǐ lùshang yìzhí dǔchē.

李芳： 你们 经常 全家 一起 去 旅行 吗?
Nǐmen jīngcháng quánjiā yìqǐ qù lǚxíng ma?

高岛： 不 经常 去。 平时 我 父母 工作 都 特别 忙。
Bù jīngcháng qù. Píngshí wǒ fùmǔ gōngzuò dōu tèbié máng.

李芳： 泡 温泉 正好 能 给 他们 消除 疲劳。
Pào wēnquán zhènghǎo néng gěi tāmen xiāochú píláo.

高岛： 对， 在 温泉 旅馆 还 能 吃到 新鲜 的 山珍海味!
Duì, zài wēnquán lǚguǎn hái néng chīdào xīnxian de shānzhēnhǎiwèi!

李芳： 我 还 没 去过 日本 的 温泉 呢。
Wǒ hái méi qùguo Rìběn de wēnquán ne.

高岛： 是 吗? 那 你 留学 期间 去 体验体验 吧。
Shì ma? Nà nǐ liúxué qījiān qù tǐyàntiyan ba.

 单 语
(048)

黄金周 huángjīnzhōu 名 ゴールデンウィーク 　 全家 quánjiā 家族全員 　 泡温泉 pào wēnquán 温泉に入る
是～的 shì～de 　～のだ 　 因为～所以… yīnwèi～suǒyǐ… 　～なので、（だから）… 　 路上 lùshang 名 道中、途
中 　 堵车 dǔchē 動 渋滞する 　 平时 píngshí 名 普段 　 正好 zhènghǎo 副 ちょうど、都合よく
消除 xiāochú 動 取り除く 　 疲劳 píláo 形 疲れている 　 -到 -dào 目的が達成されることを表わす（結果補語）
新鲜 xīnxian 形 新鮮である 　 山珍海味 shānzhēnhǎiwèi 成語 山海の珍味 　 期间 qījiān 名 期間、間
体验 tǐyàn 動 体験する

24

1 **"是〜的"** ── すでに起こったできごとについて、その時間・場所・行為の対象・方法や手 051
   段に焦点を当てて説明する場合に使われる。"是"は省略できる。

黄金周 我（是）在 伊豆 过 的。 ＊ 过 guò：過ごす
Huángjīnzhōu wǒ （shì）zài Yīdòu guò de.

你们（是）怎么 去 的? ── 开车 去 的。
Nǐmen（shì）zěnme qù de ? Kāichē qù de.

你（是）什么 时候 开始 学 汉语 的? ── 去年 开始 的。
Nǐ （shì）shénme shíhou kāishǐ xué Hànyǔ de ? Qùnián kāishǐ de.

　＊目的語は"的"の後に置いてもよい。　你（是）什么时候开始学的汉语?

　＊否定文では"是"の省略はできない。　我不是一个人去的。

2 **"因为〜所以…"** 「〜なので、（だから）…」── "因为"の後に原因や理由がくる。"所以"
   の後に結果がくる。因果関係が明らかな場合は共に省略できる。

因为 她 想 去 留学，所以 努力 地 学习 汉语。
Yīnwèi tā xiǎng qù liúxué, suǒyǐ nǔlì de xuéxí Hànyǔ.

（因为）今天 是 星期天，（所以）商店 里 人 特别 多。
（Yīnwèi）jīntiān shì xīngqītiān, （suǒyǐ）shāngdiàn lǐ rén tèbié duō.

　◆ 原因や理由を尋ねるときには、疑問詞 **"为什么"** または **"怎么"**「なぜ・どうして」
　　を使う。主語の前か後に置く。答えには **"因为"**「なぜなら」を使うことが多い。

你 **为什么** / **怎么** 没 买? ── **因为** 我 没 钱!
Nǐ wèishénme / zěnme méi mǎi ? Yīnwèi wǒ méi qián!

3 **結果補語** ── 動詞の後につけて、動作の結果を表わす。動詞や形容詞を使う。

　　　　動詞 + **結果補語**（動詞／形容詞）+ 目的語

在 温泉 旅馆 能 吃**到** 山珍海味!
Zài wēnquán lǚguǎn néng chīdào shānzhēnhǎiwèi !

现在 我 和 爸爸 妈妈 住**在** 一起。 ＊ 一起 yìqǐ：同じ所
Xiànzài wǒ hé bàba māma zhùzài yìqǐ.

明天 的 考试 我 已经 准备**好** 了。 ＊ 准备 zhǔnbèi：準備する
Míngtiān de kǎoshì wǒ yǐjīng zhǔnbèihǎo le.

052 ▮1▮ 音声を聞いて、次の語句を覚えましょう。

1)

想到
xiǎngdào

2)

梦见
mèngjiàn

3)

记住
jìzhù

4)

学好
xuéhǎo

053 ▮2▮ 次の文にピンインを付け、日本語に訳し、さらに読みましょう。

1)　　我　经常　梦见　我　的　高中　同学。　　　　　　　＊ 高中 gāozhōng：高校

ピンイン ....

日本語訳 ....

2)　　他　记住了　他　朋友　的　手机号。

ピンイン ....

日本語訳 ....

3)　　我　真　没　想到　东京　的　夏天　这么　热！

ピンイン ....

日本語訳 ....

▮3▮ 日本語を参考に、（　　）に語句を書き入れましょう。

A：你　（　　　　　　　　）来晚　了?　　　　　　　（なんで遅れてきたの？）
　　Nǐ　　　　　　　　　　　láiwǎn　le ?

B：路上　（　　　　　　），让　你　（　　　　　　）了。　（道が渋滞だった。お待たせ。）
　　Lùshang　　　　　　　　 ràng　nǐ　　　　　　　　le.

A：你　（　　　）几　点　出门　（　　　）?　　　　（何時に家を出たの？）
　　Nǐ　　　　　 jǐ　diǎn　chūmén

B：（　　　　）左右。　我　（　　　　　　）车　那么　多!
　　　　　　　 zuǒyòu.　Wǒ　　　　　　　　chē　nàme　duō !

（10時ごろ。あんなに車が多いとは思いもよらなかった。）

1 日本語に合う中国語が読まれた順に番号を書き入れ、さらに簡体字で書き取りましょう。 (054)

	電車で行ったのだ	....
	友人と温泉に行く	....
	まだ温泉に入ったことはない	....

2 音声を聞いて、下線部に入る語句を書き取り、さらに会話してみましょう。 (055)

A： .... 你 .... 了?
　　　　　　　　nǐ　　　　　　　　le ?

B： 我 .... 父母 去 .... 了。
　　Wǒ　　　　fùmǔ　qù　　　　　　le.

A： 听说， 在 温泉 旅馆 .... 很 多 .... !
　　Tīngshuō,　zài wēnquán lǚguǎn　　　　　hěn duō

　　　　　　　　　　　　　　　　　　　　　＊ 听说：～と聞いている

B： 对。 留学 .... , 你 去 .... 吧。
　　Duì.　Liúxué　　　　　nǐ　qù　　　　　　ba.

3 音声を聞いて質問文を書き取り、さらに中国語で答えましょう。 (056)

1) ....

　　答：...

2) ....

　　答：...

4 男女の会話を聞き、それについての質問に中国語で答えましょう。 (057)

1) ....

2) ....

第 **6** 课　*我的爱好*
Wǒ　de　àihào

059

060

李芳：我　爱　逛　商店。　你　有　什么　爱好？
　　　Wǒ　ài　guàng shāngdiàn.　Nǐ　yǒu　shénme　àihào ?

高岛：我　喜欢　踢　足球、　旅行、　听　音乐　什么的。
　　　Wǒ　xǐhuan　tī　zúqiú,　lǚxíng,　tīng　yīnyuè　shénmede.

李芳：你　好像　也　喜欢　看　电影　吧？
　　　Nǐ　hǎoxiàng　yě　xǐhuan　kàn　diànyǐng　ba ?

高岛：对，　以前　一　到　周末，　就　往　电影院　跑。
　　　Duì,　yǐqián　yí　dào　zhōumò,　jiù　wǎng　diànyǐngyuàn　pǎo.

李芳：你　现在　不　去　电影院　看　电影　了　吗？
　　　Nǐ　xiànzài　bú　qù　diànyǐngyuàn　kàn　diànyǐng　le　ma ?

高岛：嗯，　我　现在　一般　都　在　家　里　看　视频。
　　　Ňg,　wǒ　xiànzài　yìbān　dōu　zài　jiā　lǐ　kàn　shìpín.

李芳：我　也　是。　你　看过　中国　的　电影　吗？
　　　Wǒ　yě　shì.　Nǐ　kànguo Zhōngguó　de　diànyǐng　ma ?

高岛：看过。　自从　学　汉语　以后，　我　越来越　爱　看　了。
　　　Kànguo.　Zìcóng　xué　Hànyǔ　yǐhòu,　wǒ　yuèláiyuè　ài　kàn　le.

李芳：你　看得懂　中国　的　电影　啊！　真　了不起！
　　　Nǐ　kàndedǒng Zhōngguó　de　diànyǐng　a !　Zhēn　liǎobuqǐ !

高岛：只要　有　日语　字幕，　就　看得懂　啊！
　　　Zhǐyào　yǒu　Rìyǔ　zìmù,　jiù　kàndedǒng　a !

058　**单 语**

爱好 àihào 图　趣味、好み　　爱 ài 動　（～することを）好む　　踢 tī 動　蹴る　　什么的 shénmede 助　～など、～とか　　好像 hǎoxiàng 副　～のようだ、～みたいだ　　以前 yǐqián 图　以前、昔　　一～就 … yī～jiù …　～すると（すぐに）…　　到 dào 動　～になる、着く　　电影院 diànyǐngyuàn 图　映画館　　跑 pǎo 動　走る、駆ける　　嗯 ňg 感（肯定を表わす）うん、ええ　　一般 yìbān 副　たいてい、通常　　视频 shìpín 图　動画　　自从 zìcóng 前　～から　　以后 yǐhòu 图　以後　　越来越 yuèláiyuè　ますます　　懂 dǒng 動　わかる　　了不起 liǎobuqǐ 形　すごい、立派である　　只要～就 … zhǐyào～jiù …　～さえすれば…　　字幕 zìmù 图　字幕

061

1 "什么的" —— 列挙された事柄の後につける。「～など」「～とか」

他 喜欢 看 视频、 打 游戏 **什么的**。
Tā xǐhuan kàn shìpín, dǎ yóuxì shénmede.

红茶、 绿茶、 乌龙茶 **什么的**, 我 都 爱 喝。
Hóngchá, lǜchá, wūlóngchá shénmede, wǒ dōu ài hē.

2 "一 ～ 就 …" 「～すると（すぐに）…」

他 一 有 时间, **就** 在 网上 看 视频。
Tā yì yǒu shíjiān, jiù zài wǎngshàng kàn shìpín.

北海道 一 到 冬天 **就** 下 大雪。
Běihǎidào yí dào dōngtiān jiù xià dàxuě.

我 和 同学 一 下课 **就** 去 踢 足球。
Wǒ hé tóngxué yí xiàkè jiù qù tī zúqiú.

3 可能補語（1）—— 補語の可能表現。 | 動詞 ＋ **"得／不"** ＋ 結果補語・方向補語 |

你 **听得懂** **听不懂** 他 的 汉语? —— 我 **听得懂**。／ 我 **听不懂**。
Nǐ tīngdedǒng tīngbudǒng tā de Hànyǔ? Wǒ tīngdedǒng. Wǒ tīngbudǒng.

现在 生词 越来越 多, 我 真 **记不住**！ ＊ 生词 shēngcí：新出単語
Xiànzài shēngcí yuèláiyuè duō, wǒ zhēn jìbuzhù !

◆ よく使われる可能補語

看得见 —— 看不见	记得住 —— 记不住
kàndejiàn kànbujiàn	jìdezhù jìbuzhù
（見える）（見えない）	（覚えられる）（覚えられない）
来得及 —— 来不及	找得到 —— 找不到
láidejí láibují	zhǎodedào zhǎobudào
（間に合う）（間に合わない）	（見つかる）（見つからない）

4 "只要 ～ 就 …" 「～さえすれば…」「～さえあれば…だ」

只要 有 日语 字幕, 我 **就** 看得懂。
Zhǐyào yǒu Rìyǔ zìmù, wǒ jiù kàndedǒng.

只要 我 有 钱, **就** 去 周游 世界。 ＊ 周游 zhōuyóu：周遊する
Zhǐyào wǒ yǒu qián, jiù qù zhōuyóu shìjiè.

(062) **1** 音声を聞いて、次の語句を覚えましょう。

1)
唱 歌儿
chàng gēr

2)
跳舞
tiàowǔ

3)
比赛
bǐsài

4)
密码
mìmǎ

(063) **2** 次の文にピンインを付け、日本語に訳し、さらに読みましょう。

1) 　　我 常 记不住 自己 的 密码。

ピンイン ....

日本語訳 ....

2) 　　她 特别 喜欢 唱 歌儿、 跳舞 什么的。

ピンイン ....

日本語訳 ....

3) 　　只要 有 比赛， 我 就 一定 去 看。

ピンイン ....

日本語訳 ....

3 日本語を参考に、（　　）に語句を書き入れましょう。

A： 我 （　　　　　　　） 看 中文 小说 了。　　（私はますます中国語の小説
　　 Wǒ　　　　　　　　　 kàn Zhōngwén xiǎoshuō le.　　を読むのが好きになった。）

B： 你 （　　　　　　　） 啊！ 真 （　　　　　　　）！　（あなたは読んでわかるの！
　　 Nǐ　　　　　　　　　 a! Zhēn　　　　　　　　　　　本当にすごい！）

A： 一 有 （　　　　　） 的 地方， 我 （　　　） 查 词典。
　　 Yì yǒu　　　　　　　 de dìfang, wǒ　　　　　　chá cídiǎn.

　　　　　（（読んで）わからないところがあると、私はすぐに辞書を調べる。）

1 日本語に合う中国語が読まれた順に番号を書き入れ、さらに簡体字で書き取りましょう。 (064)

覚えられるか覚えられないか

思いつくことができるかできないか

間に合うか間に合わないか

見えるか見えないか

2 音声を聞いて、下線部に入る語句を書き取り、さらに会話してみましょう。 (065)

A：＿＿＿＿ 你 一般 ＿＿＿＿？
　　　　　nǐ　yìbān

B：＿＿＿＿ 不 打工， 我 ＿＿＿ 去 看 电影， 逛 商店 ＿＿＿。
　　　　　bù　dǎgōng， wǒ　　　qù　kàn diànyǐng, guàng shāngdiàn

A：＿＿＿＿ 你 ＿＿＿ 喜欢 逛 商店。
　　　　　nǐ　　　xǐhuan guàng shāngdiàn.

3 音声を聞いて質問文を書き取り、さらに中国語で答えましょう。 (066)

1) ＿＿＿＿＿＿＿＿＿＿＿＿＿＿＿＿＿＿＿

　　答：＿＿＿＿＿＿＿＿＿＿＿＿＿＿＿＿＿

2) ＿＿＿＿＿＿＿＿＿＿＿＿＿＿＿＿＿＿＿

　　答：＿＿＿＿＿＿＿＿＿＿＿＿＿＿＿＿＿

4 男女の会話を聞き、それについての質問に中国語で答えましょう。 (067)

1) ＿＿＿＿＿＿＿＿＿＿＿＿＿＿＿＿＿＿＿

2) ＿＿＿＿＿＿＿＿＿＿＿＿＿＿＿＿＿＿＿

3) ＿＿＿＿＿＿＿＿＿＿＿＿＿＿＿＿＿＿＿

第 7 课　交朋友
Jiāo　péngyou

069
070

李芳：听说　去年　夏天　你　去　中国　旅游　了？
　　　Tīngshuō　qùnián　xiàtiān　nǐ　qù　Zhōngguó　lǚyóu　le？

高岛：是的。　我　先　去了　北京，　然后　去了　西安。
　　　Shìde.　Wǒ　xiān　qùle　Běijīng，　ránhòu　qùle　Xī'ān.

李芳：你　是　坐　高铁　去　西安　的　吗？
　　　Nǐ　shì　zuò　gāotiě　qù　Xī'ān　de　ma？

高岛：不　是。　高铁　比较　贵，　我　坐　普通　列车　去　的。
　　　Bú　shì.　Gāotiě　bǐjiào　guì，　wǒ　zuò　pǔtōng　lièchē　qù　de.

李芳：那　要　十四、　五　个　小时　才　能　到，　非常　辛苦！
　　　Nà　yào　shísì、　wǔ　ge　xiǎoshí　cái　néng　dào，　fēicháng　xīnkǔ！

高岛：不过，　一路上　和　周围　的　人　聊得　很　开心。
　　　Búguò，　yílùshang　hé　zhōuwéi　de　rén　liáode　hěn　kāixīn.

李芳：中国人　在　火车　上　喜欢　一起　聊天儿。
　　　Zhōngguórén　zài　huǒchē　shàng　xǐhuan　yìqǐ　liáotiānr.

高岛：我　还　认识了　一　个　西安　的　大学生　呢！
　　　Wǒ　hái　rènshile　yí　ge　Xī'ān　de　dàxuéshēng　ne！

李芳：是　吗？　你们　现在　也　互相　联系　吗？
　　　Shì　ma？　Nǐmen　xiànzài　yě　hùxiāng　liánxì　ma？

高岛：经常　发　微信。　我们　已经　成了　很　要好　的　朋友。
　　　Jīngcháng　fā　Wēixìn.　Wǒmen　yǐjīng　chéngle　hěn　yàohǎo　de　péngyou.

068 **単 語**

交朋友 jiāo péngyou　友達を作る　　听说 tīngshuō 動　話によると　　旅游 lǚyóu 動　旅行する、観光する
先 xiān 副　先に　　然后 ránhòu 接　その後、それから　　高铁 gāotiě 名　高速鉄道　　比较 bǐjiào 副　わりと、比
較的に　　普通列车 pǔtōng lièchē　普通列車　　才 cái 副　やっと　　一路上 yílùshang 名　道中　　和 hé 前　～と
周围 zhōuwéi 名　周り　　聊 liáo 動　雑談する、しゃべる　　-得 -de 助　動詞の後の補語を導く
开心 kāixīn 形　楽しい　　火车 huǒchē 名　汽車　　认识 rènshi 動　知り合う　　互相 hùxiāng 副　互いに
微信 Wēixìn 名　WeChat　 ＊ 发微信 fā Wēixìn　WeChat を送る　　成 chéng 動　～になる　　要好 yàohǎo 形　仲が
よい

32

🎧071

① **数量補語** ── 動作の回数や継続する時間を表わす。

> 主語 + 動詞 + **数量補語** + 目的語

高島　去过　**一　次**　中国。
Gāodǎo　qùguo　yí　cì　Zhōngguó.

他　坐了　**十四、　五　个　小时**　普通　列车。
Tā　zuòle　shísì,　wǔ　ge　xiǎoshí　pǔtōng　lièchē.

② **副詞 "才"**　「やっと」「ようやく」

我　上　大学　后　**才**　开始　学　汉语。
Wǒ　shàng　dàxué　hòu　cái　kāishǐ　xué　Hànyǔ.

弟弟　一直　玩儿　手机，夜里　两　点　**才**　睡。　　＊夜里 yèli：夜中
Dìdi　yìzhí　wánr　shǒujī,　yèli　liǎng　diǎn　cái　shuì.

我　家　很　远，要　三　个　小时　**才**　能　到　大学。
Wǒ　jiā　hěn　yuǎn,　yào　sān　ge　xiǎoshí　cái　néng　dào　dàxué.

③ **様態補語** ── 動作の様態を表わす。肯定文ではふつう形容詞の前に程度を表わす副詞を置く。

> 動詞 + **"得"** + 形容詞

我们　聊**得**　非常　开心。
Wǒmen　liáode　fēicháng　kāixīn.

他　说　汉语　说**得**　很　好。
Tā　shuō　Hànyǔ　shuōde　hěn　hǎo.

◆ 目的語がある場合は、動詞をもう一度繰り返す。前の動詞は省略できる。

> （動詞 +）目的語 + 動詞 + **"得"** + 形容詞

你　（说）　英语　说**得**　真　棒！　　＊棒 bàng：（口語）素晴らしい
Nǐ　(shuō)　Yīngyǔ　shuōde　zhēn　bàng!

＊否定文 ── 我　（做）　中国菜　做**得**　不　太　好吃。
Wǒ　(zuò)　zhōngguócài　zuòde　bú　tài　hǎochī.

072 **1** 音声を聞いて、次の語句を覚えましょう。

1)

（说得）流利
(shuōde) liúlì

2)

（洗得）干净
(xǐde) gānjìng

3)

（吃得）满意
(chīde) mǎnyì

4)

（穿得）时尚
(chuānde) shíshàng

073 **2** 次の文にピンインを付け、日本語に訳し、さらに読みましょう。

1)　　高岛　说　汉语　说得　非常　流利。

ピンイン ....

日本語訳 ....

2)　　孩子们　洗手　洗得　不　太　干净。

ピンイン ....

日本語訳 ....

3)　　我们　老师　穿得　比较　时尚。

ピンイン ....

日本語訳 ....

3 日本語を参考に、（　　）に語句を書き入れましょう。

A：你　怎么　（　　　　　）　这么　晚?　　（なんでこんなに遅く来たの？）
　　Nǐ　zěnme　　　　　　　　　zhème　wǎn ?

B：不好意思！　我　（　　　　）　去了　图书馆，　然后　（　　　　）　来。
　　Bùhǎoyìsi !　Wǒ　　　　　　　qùle　túshūguǎn,　ránhòu　　　　　　　lái.

　　（申し訳ない！　私は先に図書館に行って、それから（やっと）来たんだ。）

C：快　吃　（　　）！　这　家　餐厅　菜　（　　　　　）　非常　好吃！
　　Kuài　chī　　　　　　Zhè　jiā　cāntīng　cài　　　　　　　　fēicháng　hǎochī !

　　（早く食べて！　この店は料理（を作るの）がとてもうまい！）

1 日本語に合う中国語が読まれた順に番号を書き入れ、さらに簡体字で書き取りましょう。 (074)

	楽しくおしゃべりした	....
	中国語（を話すの）が流暢だ	....
	着こなしがファッショナブルだ	....
	食べ物にあまり満足しなかった	....

2 音声を聞いて、下線部に入る語句を書き取り、さらに会話してみましょう。 (075)

A：上　周末，　我 .... 朋友　的 .... 了。
　　Shàng zhōumò,　wǒ　　　　　péngyou　de　　　　　　　　　　　　　　le.

B：是　吗?　你　朋友　打　乒乓球 .... 怎么样?
　　Shì　ma?　Nǐ　péngyou　dǎ　pīngpāngqiú　　　　zěnmeyàng?

A：他 .... 非常　棒!　　　　 .... 你　也 .... 乒乓球。
　　Tā　　　　　fēicháng bàng!　　　　　　nǐ　yě　　　　　pīngpāngqiú.

B：我　上　大学　后 .... 开始　练习，打得 .... 。　　＊ 练习：練習する
　　Wǒ　shàng dàxué　hòu　　　kāishǐ　liànxí,　dǎde

3 音声を聞いて質問文を書き取り、さらに中国語で答えましょう。 (076)

1) ....

　　答：..

2) ....

　　答：..

4 男女の会話を聞き、それについての質問に中国語で答えましょう。 (077)

1) ....

2) ....

3) ....

(079)
(080)

高岛： 前天， 我 和 几 个 朋友 去 附近 的 四川 菜馆儿 聚餐 了。
Qiántiān, wǒ hé jǐ ge péngyou qù fùjìn de Sìchuān càiguǎnr jùcān le.

李芳： 听说 那儿 的 厨师 是 个 地道 的 四川人。
Tīngshuō nàr de chúshī shì ge dìdao de Sìchuānrén.

高岛： 没 错儿， 无论 什么 菜 都 放 辣椒 和 花椒。
Méi cuòr, wúlùn shénme cài dōu fàng làjiāo hé huājiāo.

李芳： 麻辣 是 川菜 的 特色 嘛。 你们 点 什么 菜 了?
Málà shì chuāncài de tèsè ma. Nǐmen diǎn shénme cài le?

高岛： 麻婆豆腐、 回锅肉、 鱼香肉丝、 麻辣火锅…
Mápódòufu、 huíguōròu、 yúxiāngròusī、 málàhuǒguō …

李芳： 哇， 你们 点了 那么 多 菜 啊!
Wā, nǐmen diǎnle nàme duō cài a!

高岛： 是 啊， 连 服务员 都 担心 我们 吃不了。
Shì a, lián fúwùyuán dōu dānxīn wǒmen chībuliǎo.

李芳： 你们 最后 剩 菜 了 吗?
Nǐmen zuìhòu shèng cài le ma?

高岛： 一点儿 也 没 剩! 你 爱 吃 辣 的 吗?
Yìdiǎnr yě méi shèng! Nǐ ài chī là de ma?

李芳： 当然 爱 吃! 我 也 是 地道 的 四川人 啊!
Dāngrán ài chī! Wǒ yě shì dìdao de Sìchuānrén a!

(078) **単 語**

聚餐 jùcān 動 会食する　　菜馆儿 càiguǎnr 名 料理店　　厨师 chúshī 名 コック、料理人　　地道 dìdao 形 本場
の、生粋の　　错儿 cuòr 名 間違い　　无论～都… wúlùn～dōu… ～であろうと…　　放 fàng 動 入れる
辣椒 làjiāo 名 唐辛子　　花椒 huājiāo 名 サンショウ　　麻辣 málà 形 舌がぴりぴりしびれるように辛い
川菜 chuāncài 名 四川料理　　特色 tèsè 名 特色、特徴　　点(菜) diǎn(cài) (料理を)注文する
麻婆豆腐 mápódòufu 名 マーボードウフ　　回锅肉 huíguōròu 名 ホイコーロー　　鱼香肉丝 yúxiāngròusī 名 細切り
肉の辛みそ炒め　　麻辣火锅 málàhuǒguō 名 サンショウと唐辛子のたれのしゃぶしゃぶ　　哇 wā 感 わあ
连～都… lián～dōu… ～さえも…　　担心 dānxīn 動 心配する　　-不了 -buliǎo ～できない／～しきれない(可能
補語の否定形)　　剩 shèng 動 残す、残る

1 **疑問詞の不定用法** —— 疑問詞を用い、「何人か」「いつか」「どこか」などの意味を表わす
用法。文末は「？」ではなく、「。」になる。

我　跟　**几**　**个**　朋友　去　四川　菜馆儿　聚餐　了。
Wǒ　gēn　jǐ　ge　péngyou　qù　Sìchuān　càiguǎnr　jùcān　le.

咱们　**什么**　时候　一起　去　北海道　旅游　吧。
Zánmen　shénme　shíhou　yìqǐ　qù　Běihǎidào　lǚyóu　ba.

最近　工作　太　忙　了，真　想　去　**哪儿**　玩儿玩儿。
Zuìjìn　gōngzuò　tài　máng　le,　zhēn　xiǎng　qù　nǎr　wánrwanr.

2 **"无论 ～ 都 …"** 「～であろうと…」「～を問わず…」 —— "无论"の後に疑問詞フレーズを使
うことが多い。

无论　什么　运动，我　**都**　很　喜欢。
Wúlùn　shénme　yùndòng,　wǒ　dōu　hěn　xǐhuan.

＊ 运动 yùndòng：スポーツ

这　次　比赛　**无论**　谁　**都**　能　参加。
Zhè　cì　bǐsài　wúlùn　shéi　dōu　néng　cānjiā.

＊ "无论～也…"も同じ意味で使う。

无论　我　怎么　复习　**也**　记不住。
Wúlùn　wǒ　zěnme　fùxí　yě　jìbuzhù.

3 **"连 ～ 都 …"** 「～さえも…」

连　菜馆儿　服务员　**都**　说　我们　点多　了。
Lián　càiguǎnr　fúwùyuán　dōu　shuō　wǒmen　diǎnduō　le.

他　**连**　自己　的　手机号　**都**　写错　了。
Tā　lián　zìjǐ　de　shǒujīhào　dōu　xiěcuò　le.

＊ "连～也…"も同じ意味で使う。

我　**连**　她　的　名字　**也**　不　知道。
Wǒ　lián　tā　de　míngzi　yě　bù　zhīdào.

4 **可能補語（2）** —— 補語の可能表現

動詞 ＋ **"得了"** ／ **"不了"**　「～しきれる／～しきれない」
「～できる／～できない」

你　点　这么　多　菜，**吃得了**　吗?
Nǐ　diǎn　zhème　duō　cài,　chīdeliǎo　ma?

每　天　都　这么　热，真　**受不了**。
Měi　tiān　dōu　zhème　rè,　zhēn　shòubuliǎo.

＊ 受不了 shòubuliǎo：耐えられない

明天　你　**去得了**　**去不了**? —— **去得了**。／ **去不了**。
Míngtiān　nǐ　qùdeliǎo　qùbuliǎo?　Qùdeliǎo.　Qùbuliǎo.

082 **1** 音声を聞いて、次の語句を覚えましょう。

1)	2)	3)	4)
穿 chuān	修 xiū	退 tuì	换 huàn

083 **2** 次の文にピンインを付け、日本語に訳し、さらに読みましょう。

1) 　　我　晚上　和　几　个　同学　去　看　棒球　比赛。

ピンイン ....

日本語訳 ....

2) 　　那　家　商店　无论　什么　东西　都　很　贵。

ピンイン ....

日本語訳 ....

3) 　　这　件　事　连　我　父母　也　帮不了　我。

ピンイン ....

日本語訳 ....

3 日本語を参考に、（　　）に語句を書き入れましょう。

A：服务员，这　件　衣服　退（　　　　　）了　吗?
　　Fúwùyuán,　zhè　jiàn　yīfu　tuì　　　　　liǎo　ma?
（すみません、この服を
返品できますか？）

B：（　　　　　　　　　　），退不了。
　　　　　　　　　　　　　 tuìbuliǎo.
（申し訳ありませんが、
返品できません。）

A：这　件　（　　　　　　），我　爸爸　（　　　　　　　　）。
　　Zhè　jiàn　　　　　　　wǒ　bàba
（これは小さすぎて、父
は着られません。）

B：那　给　你　（　　　）一　件　大号　的　（　　　）。
　　Nà　gěi　nǐ　　　　　 yí　jiàn　dàhào　de
（では、大きなサイズに
取り換えましょう。）

1 日本語に合う中国語が読まれた順に番号を書き入れ、さらに簡体字で書き取りましょう。 (084)

| | 食べ切れるか食べ切れないか | .... |
| 食べ切れるか食べ切れないか |
	着られるか着られないか	....
	修理して直せるか直せないか	....
	助けられるか助けられないか	....

2 音声を聞いて、下線部に入る語句を書き取り、さらに会話してみましょう。 (085)

1) A： 在　那个　银行 .... 人民币　吗?　　　＊人民币：人民元
　　　　Zài　nèige　yínháng　　　　　　　　　　rénmínbì　ma ?

　　B： .... 。　不过，在　机场 .... 。
　　　　Búguò,　　zài　jīchǎng

2) A： 你 .... 这么　贵　的　东西 .... 买　啊!
　　　　Nǐ　　　　zhème　guì　de　dōngxi　　　mǎi　a !

　　B： 我　太　喜欢　了， .... 多少钱，我 .... 买!
　　　　Wǒ　tài　xǐhuan　le,　　　　　　　　duōshaoqián,　wǒ　　　mǎi !

3 音声を聞いて質問文を書き取り、さらに中国語で答えましょう。 (086)

1) ....

　　答： ....

2) ....

　　答： ....

4 男女の会話を聞き、それについての質問に中国語で答えましょう。 (087)

1) ....

2) ....

3) ....

総合練習 2

(088) **1** 音声の読まれた順に [ ] に番号を書き入れ、発音練習しましょう。

1) 爱好　　　　认识　　　　旅行　　　　无论　　　　只要　　　　然后
　　[　　]　　　[　　]　　　[　　]　　　[　　]　　　[　　]　　　[　　]

2) 黄金周　　　　泡温泉　　　　起得来　　　　听不懂　　　　能看到
　　[　　]　　　　[　　]　　　　[　　]　　　　[　　]　　　　[　　]

3) 山珍海味　　　　爱吃辣的　　　　非常辛苦　　　　说得真好
　　[　　]　　　　　[　　]　　　　　[　　]　　　　　[　　]

(089) **2** 音声を聞き、その内容として最も適当なものを、それぞれ A ～ C から選びましょう。

```
メモ


```

1)　A　男性は日本の歌を聞いて日本語を学んだ。
　　B　女性は時間さえあれば中国人の友達と映画を見に行く。
　　C　女性は 2 年間中国語を学んだ。

2)　A　女性は男性を映画鑑賞に誘った。
　　B　女性はよく中国映画の動画を見る。
　　C　男性の中国語は女性ほど上手ではない。

(090) **3** 音声を聞いて質問文を書き取り、それに対して最も適当な答えを、A ～ C の中から選びましょう。

1)

　　A　　　　　　　　　B　　　　　　　　　C

2)

　　A　　　　　　　　　B　　　　　　　　　C

3)

　　A　　　　　　　　　B　　　　　　　　　C

4 問題文を聞き、その後の質問に対する答えとして最も適当なものを、それぞれ A 〜 D の中から選びましょう。 🎧091

```
メモ



```

1)

   A   B   C   D

2)

   A   B   C   D

5 音声を聞いて質問文を書き取り、さらに中国語で答えましょう。 🎧092

1) 問：＿＿＿＿＿＿＿＿＿＿＿＿＿＿＿＿＿＿＿＿＿＿＿＿＿＿

    答：＿＿＿＿＿＿＿＿＿＿＿＿＿＿＿＿＿＿＿＿＿＿＿＿＿＿

2) 問：＿＿＿＿＿＿＿＿＿＿＿＿＿＿＿＿＿＿＿＿＿＿＿＿＿＿

    答：＿＿＿＿＿＿＿＿＿＿＿＿＿＿＿＿＿＿＿＿＿＿＿＿＿＿

3) 問：＿＿＿＿＿＿＿＿＿＿＿＿＿＿＿＿＿＿＿＿＿＿＿＿＿＿

    答：＿＿＿＿＿＿＿＿＿＿＿＿＿＿＿＿＿＿＿＿＿＿＿＿＿＿

4) 問：＿＿＿＿＿＿＿＿＿＿＿＿＿＿＿＿＿＿＿＿＿＿＿＿＿＿

    答：＿＿＿＿＿＿＿＿＿＿＿＿＿＿＿＿＿＿＿＿＿＿＿＿＿＿

第 **9** 课　*闹钟*
Nàozhōng

094
095

李芳：高岛，　今天　你　怎么　又　迟到　了?
　　　Gāodǎo,　jīntiān　nǐ　zěnme　yòu　chídào　le ?

高岛：最近　我　太　累　了,　早上　总是　起不来。
　　　Zuìjìn　wǒ　tài　lèi　le,　zǎoshang zǒngshì　qǐbulái.

李芳：你　晚上　应该　早　一点儿　睡　嘛。
　　　Nǐ　wǎnshang yīnggāi　zǎo　yìdiǎnr　shuì　ma.

高岛：我　每　天　下课　后　不是　踢　足球　就是　打工,　到　家　很　晚。
　　　Wǒ　měi　tiān　xiàkè　hòu　búshì　tī　zúqiú　jiùshì　dǎgōng,　dào　jiā　hěn　wǎn.

李芳：欸,　你　不　是　买了　个　新　闹钟　吗?
　　　Éi,　nǐ　bú　shì　mǎile　ge　xīn　nàozhōng ma?

高岛：那个　新　闹钟　也　听习惯　了,　还是　起不来!
　　　Nèige　xīn　nàozhōng yě　tīngxíguàn　le,　háishi　qǐbulái !

李芳：你　用　手机　怎么样?　手机　可以　经常　换　闹铃。
　　　Nǐ　yòng　shǒujī　zěnmeyàng ?　Shǒujī　kěyǐ　jīngcháng huàn　nàolíng.

高岛：对!　那,　你　可以　帮　我　录　几　句　汉语　吗?
　　　Duì !　Nà,　nǐ　kěyǐ　bāng　wǒ　lù　jǐ　jù　Hànyǔ　ma ?

李芳：可以　啊!　我　现在　就　可以　帮　你　录。
　　　Kěyǐ　a !　Wǒ　xiànzài　jiù　kěyǐ　bāng　nǐ　lù.

高岛：太　好　了!　这样,　我　就　再　也　不　会　迟到　了!
　　　Tài　hǎo　le !　Zhèyàng,　wǒ　jiù　zài　yě　bú　huì　chídào　le !

---

093 **単 語**

闹钟 nàozhōng 名 目覚まし時計　　迟到 chídào 動 遅刻する　　总是 zǒngshì 副 いつも　　起不来 qǐbulái 起き
られない　　应该 yīnggāi 助動 ～しなければならない、～すべきである　　早 zǎo 形 早く、早い
不是～就是… búshì ~ jiùshì … ～でなければ…である　　不是～吗 bú shì ~ ma ～ではないか(そうである)
习惯 xíguàn 動 慣れる　　还是 háishi 副 やはり　　可以 kěyǐ 助動 ～できる、～してよい　　换 huàn 動 換える
闹铃 nàolíng 名 アラーム　　录 lù 動 録音する、吹き込む　　句 jù 量 言葉や文を数える単位　　就 jiù 副 すぐ
に　　这样 zhèyàng 代 こうする、そうする　　再也不～了 zài yě bù ~ le 二度と～しなくなる　　会 huì 助動 ～す
るはずだ、～するであろう

42

096

1 "不是 ～ 就是 …" 「～でなければ…である」

我 在 家 **不是** 看 视频, **就是** 打 游戏。
Wǒ zài jiā búshì kàn shìpín, jiùshì dǎ yóuxì.

这 几 天 **不是** 刮 风, **就是** 下 雨。
Zhè jǐ tiān búshì guā fēng, jiùshì xià yǔ.

* 刮风 guā fēng：風が吹く

她 参加 比赛, **不是** 得 金牌, **就是** 得 银牌。
Tā cānjiā bǐsài, búshì dé jīnpái, jiùshì dé yínpái.

* 下雨 xià yǔ：雨が降る
* 金牌 jīnpái：金メダル
* 银牌 yínpái：銀メダル

2 反語文 "不是 ～ 吗" 「～じゃないか」── 否定の形で強い肯定を表わす強調表現。

你 **不 是** 买了 一 个 新 闹钟 **吗?**
Nǐ bú shì mǎile yí ge xīn nàozhōng ma?

她 **不 是** 打算 明年 去 留学 **吗?**
Tā bú shì dǎsuàn míngnián qù liúxué ma?

我 **不 是** 告诉 你 今天 有 考试 了 **吗?**
Wǒ bú shì gàosu nǐ jīntiān yǒu kǎoshì le ma?

* 告诉 gàosu：告げる、知らせる

3 "再也不 ～ 了" 「二度と～しなくなる」

我 **再 也 不** 信 他 的 话 **了**。
Wǒ zài yě bú xìn tā de huà le.

我 爸爸 **再 也 不** 喝 酒 **了**。
Wǒ bàba zài yě bù hē jiǔ le.

4 助動詞 "会" 「～するであろう」「～するはずだ」── 可能性があることを表わす。文末に"的"を伴うことが多い。

他 **会** 参加 这 次 聚餐 的。
Tā huì cānjiā zhè cì jùcān de.

我 父母 **会** 同意 我 去 留学 的。
Wǒ fùmǔ huì tóngyì wǒ qù liúxué de.

* 否定文は "会" の前に "不" を置く。

我 父母 **不 会** 同意 我 去 留学 的。
Wǒ fùmǔ bú huì tóngyì wǒ qù liúxué de.

097 **1** 音声を聞いて、次の語句を覚えましょう。

1)
花粉症
huāfěnzhèng

2)
流 鼻涕
liú bítì

3)
流 眼泪
liú yǎnlèi

4)
戴 口罩
dài kǒuzhào

098 **2** 次の文にピンインを付け、日本語に訳し、さらに読みましょう。

1)　　你 不 是 有 花粉症 吗? 怎么 不 戴 口罩?

ピンイン _____

日本語訳 _____

2)　　最近, 我 不是 流 鼻涕, 就是 流 眼泪。

ピンイン _____

日本語訳 _____

3)　　以后, 高岛 再 也 不 会 迟到 了 吧。

ピンイン _____

日本語訳 _____

3 日本語を参考に、(　　) に語句を書き入れましょう。

A：昨天 你 怎么 (　　　　) 唱 卡拉 OK ?　（昨日なんでカラオケに来なかったの？）
　　Zuótiān nǐ zěnme　　　　 chàng kǎlā OK ?

B：我 昨天 太 忙 了, 去 (　　　　) !　（昨日は忙しすぎて行けなかった！）
　　Wǒ zuótiān tài máng le, qù

A：你 (　　　) 特别 喜欢 唱 歌儿 (　　　) ?　（歌が大好きなんじゃないの？）
　　Nǐ　　　 tèbié xǐhuan chàng gēr

B：最近 (　　　) 打工, (　　　) 有 考试, 没 时间 !
　　Zuìjìn　　　 dǎgōng,　　　 yǒu kǎoshì, méi shíjiān !

（最近バイトじゃなければ試験があって、時間がない！）

44

1 日本語に合う中国語が読まれた順に番号を書き入れ、さらに簡体字で書き取りましょう。 〔099〕

☐	もう聞き慣れた	....
☐	毎日マスクをつける	....
☐	少し早く寝る	....
☐	二度とお酒を飲まない	....

2 音声を聞いて、下線部に入る語句を書き取り、さらに会話してみましょう。 〔100〕

A：我 ＿＿＿＿ 在 这个 网店 买 东西 ＿＿＿！
　　Wǒ 　　　　 zài zhèige wǎngdiàn mǎi dōngxi

B：这个 网店 ＿＿＿ 最 便宜 ＿＿？
　　Zhèige wǎngdiàn 　　 zuì piányi

A：最近 ＿＿＿ 到得 太 晚, ＿＿＿ 东西 错 了！
　　Zuìjìn 　　　 dàode tài wǎn, 　　　 dōngxi cuò le！

B：没事儿, 可以 ＿＿＿, 也 可以 ＿＿＿ 嘛。
　　Méishìr, kěyǐ 　　　 yě kěyǐ 　　　 ma.

3 音声を聞いて質問文を書き取り、さらに本文を参考に、中国語で答えましょう。 〔101〕

1) ....

　　答： ....

2) ....

　　答： ....

4 男女の会話を聞き、それについての質問に中国語で答えましょう。 〔102〕

1) ....

2) ....

3) ....

第 *10* 课 打工
Dǎgōng

104
105

李芳：高岛， 今天 你 怎么 没 去 便利店 打工？
　　　Gāodǎo, jīntiān nǐ zěnme méi qù biànlìdiàn dǎgōng?

高岛：我 已经 辞掉了 那个 便利店 的 工作。
　　　Wǒ yǐjīng cídiàole nèige biànlìdiàn de gōngzuò.

李芳：为什么？ 那个 店 的 报酬 不 是 挺 高 的 吗？
　　　Wèishénme? Nèige diàn de bàochou bú shì tǐng gāo de ma?

高岛：虽然 报酬 挺 高 的， 但是 必须 上 夜班！
　　　Suīrán bàochou tǐng gāo de, dànshì bìxū shàng yèbān!

李芳：哦， 那 不但 影响 健康， 而且 影响 学习。
　　　Ò, nà búdàn yǐngxiǎng jiànkāng, érqiě yǐngxiǎng xuéxí.

高岛：就是 啊！ 现在， 我 在 一 家 快餐店 打工。
　　　Jiùshì a! Xiànzài, wǒ zài yì jiā kuàicāndiàn dǎgōng.

李芳：现在 你 一 次 干 几 个 小时？
　　　Xiànzài nǐ yí cì gàn jǐ ge xiǎoshí?

高岛：一 次 只 干 四 个 小时。 一 周 打 三 天 工。
　　　Yí cì zhǐ gàn sì ge xiǎoshí. Yì zhōu dǎ sān tiān gōng.

李芳：那 还 行。 有 中国 留学生 在 那 家 店 打工 吗？
　　　Nà hái xíng. Yǒu Zhōngguó liúxuéshēng zài nà jiā diàn dǎgōng ma?

高岛：有。 休息 的 时候， 我 常 跟 他们 练习 汉语。
　　　Yǒu. Xiūxi de shíhou, wǒ cháng gēn tāmen liànxí Hànyǔ.

103
単 語

辞 cí 動 辞める　＊辞掉 cídiào 辞めてしまう　报酬 bàochou 名 報酬　虽然～但是… suīrán～dànshì… ～ではあるが、しかし…　必须 bìxū 副 必ず　夜班 yèbān 名 夜勤　＊上夜班 shàng yèbān 夜勤をする　哦 ò 感 ああ　不但～而且… búdàn～érqiě… ただ～だけでなく、しかも…　影响 yǐngxiǎng 動 影響する、影響を与える　就是 jiùshì 副 ごもっとも　快餐店 kuàicāndiàn 名 ファストフード店　干 gàn 動 する、やる　行 xíng 形 よろしい　练习 liànxí 動 練習する

46

1 "虽然 〜 但是 …"　「〜ではあるが、しかし…」

106

虽然　报酬　不　低，　但是　工作　很　累。
Suīrán bàochou bù dī, dànshì gōngzuò hěn lèi.

虽然　价钱　有点儿　贵，　但是　东西　很　好。
Suīrán jiàqian yǒudiǎnr guì, dànshì dōngxi hěn hǎo.

我　虽然　很　喜欢　吃　蛋糕，　但是　怕　胖。
Wǒ suīrán hěn xǐhuan chī dàngāo, dànshì pà pàng.

＊ 怕 pà：心配する
＊ 胖 pàng：太っている

2 "不但 〜 而且 …"　「〜だけでなく、その上…」

苹果　不但　很　好吃，　而且　有　营养。
Píngguǒ búdàn hěn hǎochī, érqiě yǒu yíngyǎng.

那个　孩子　不但　很　聪明，　而且　很　努力。
Nèige háizi búdàn hěn cōngming, érqiě hěn nǔlì.

这个　店　不但　商品　齐全，　而且　价格　也　不　贵。
Zhèige diàn búdàn shāngpǐn qíquán, érqiě jiàgé yě bú guì.

＊ 齐全 qíquán：そろっている

3 **離合詞** ── 「動詞＋目的語」という構造からできた2音節の動詞。その動詞の部分と目的語の部分は分離でき、その間に様々な語句が入りうる。

今天　晚上　我　打工。　→　今天　晚上　我　打　四　个　小时　工。
Jīntiān wǎnshang wǒ dǎgōng.　Jīntiān wǎnshang wǒ dǎ sì ge xiǎoshí gōng.

他　睡觉　了。　→　他　睡了　一会儿　觉。　＊ 一会儿 yíhuìr：少しの間
Tā shuìjiào le.　Tā shuìle yíhuìr jiào.

我　朋友　跟　她　见面。　→　我　朋友　跟　她　见过　一　次　面。
Wǒ péngyou gēn tā jiànmiàn.　Wǒ péngyou gēn tā jiànguo yí cì miàn.

4 "有" の兼語文 ── "有" の目的語が、後ろの動詞の主語を兼ねている文。
　　　　　「〜をする（人）がいる」のように後ろから訳していくことが多い。

他　有　一　个　姐姐　在　旅行社　工作。
Tā yǒu yí ge jiějie zài lǚxíngshè gōngzuò.

公司　里　没有　人　不　知道　他　的　名字。
Gōngsī lǐ méiyǒu rén bù zhīdào tā de míngzi.

有　个　学生　给　我　翻译了　一下儿。　＊ 翻译 fānyì：通訳する
Yǒu ge xuésheng gěi wǒ fānyìle yíxiàr.

107 **1** 音声を聞いて、次の語句を覚えましょう。

1)

帮忙
bāngmáng

2)

照相
zhàoxiàng

3)

操心
cāoxīn

4)

赚钱
zhuànqián

108 **2** 次の文にピンインを付け、日本語に訳し、さらに読みましょう。

1) 感谢 大家 帮了 我 很 大 的 忙。

ピンイン ....

日本語訳 ....

2) 虽然 照了 不 少 相，但是 都 不 太 好。

ピンイン ....

日本語訳 ....

3) 我们 让 父母 操了 很 多 心。

ピンイン ....

日本語訳 ....

3 日本語を参考に、（　　）に語句を書き入れましょう。

A：已经 （　　　　　） 了，你 怎么 （　　　　　） 来?
Yǐjīng 　　　　　　　　le, 　nǐ 　zěnme 　　　　　　lái ?

（もう授業が終わったよ。
なぜやっと来たの？）

B：昨晚 （　　　　　　　　），太 （　　　　） 了！
Zuówǎn 　　　　　　　　　　　　　tài 　　　　　　le !

（昨日の夜6時間バイト
をして、疲れすぎた！）

A：那 （　　　　） 影响 学习，（　　　　） 对 身体 也 不 好！
Nà 　　　　　yǐngxiǎng xuéxí, 　　　　　　duì 　shēntǐ 　yě 　bù 　hǎo !

（それは勉強に影響を与えるだけでなく、体にもよくない！）

B：我 想 多 （　　　　） 一点儿 （　　　　），买 个 新 手机。
Wǒ xiǎng duō 　　　　　yìdiǎnr 　　　　　mǎi ge xīn shǒujī.

（僕は少しだけ多くお金を稼いで、新しい携帯電話を買いたい。）

1 日本語に合う中国語が読まれた順に番号を書き入れ、さらに簡体字で書き取りましょう。 (109)

何枚か写真をとった　...

大いに助けた　...

大金を稼いだ　...

2 音声を聞いて、下線部に入る語句を書き取り、さらに会話してみましょう。 (110)

A： 最近，　我　在　一　个　................　不错　的　快餐店　打工。
　　Zuìjìn,　wǒ　zài　yí　ge　　　　　　búcuò　de　kuàicāndiàn　dǎgōng.

B： ....　中国　留学生　在　................　打工　吗?
　　　　　　Zhōngguó liúxuéshēng zài　　　　　　dǎgōng ma ?

A： 有。　................　时候，　我　................　说　汉语。
　　Yǒu.　　　　　　shíhou,　wǒ　　　　　　　　shuō Hànyǔ.

B： 那　................　练习　汉语，　................　交　中国　朋友。
　　Nà　　　　　　liànxí Hànyǔ,　　　　　　　jiāo Zhōngguó péngyou.

3 音声を聞いて質問文を書き取り、さらに中国語で答えましょう。 (111)

1) ....

　　答：...

2) ....

　　答：...

4 男女の会話を聞き、それについての質問に中国語で答えましょう。 (112)

1) ....

2) ....

3) ....

114
115

李芳：就要　放　寒假　了，你　打算　回　老家　吗?
　　　Jiùyào　fàng　hánjià　le,　nǐ　dǎsuàn　huí　lǎojiā　ma?

高島：打算　回去。　我　每　年　都　回　老家　过　新年。
　　　Dǎsuàn　huíqu.　Wǒ　měi　nián　dōu　huí　lǎojiā　guò　xīnnián.

李芳：放　两　个　星期　假，你　不　去　哪儿　玩儿玩儿　吗?
　　　Fàng　liǎng　ge　xīngqī　jià,　nǐ　bú　qù　nǎr　wánrwanr　ma?

高島：不　去。　我　就　想　在　家　里　好好儿　休息休息。
　　　Bú　qù.　Wǒ　jiù　xiǎng　zài　jiā　lǐ　hǎohāor　xiūxixiuxi.

李芳：你　宅在　家　里　都　干　什么?
　　　Nǐ　zháizài　jiā　lǐ　dōu　gàn　shénme?

高島：睡睡　懒觉，打打　游戏　什么的。　你　呢?
　　　Shuìshui　lǎnjiào,　dǎda　yóuxì　shénmede.　Nǐ　ne?

李芳：我　一　放假　就　回　国。　机票　已经　买好　了。
　　　Wǒ　yí　fàngjià　jiù　huí　guó.　Jīpiào　yǐjīng　mǎihǎo　le.

高島：你　回　国　后　都　干　什么　呢?
　　　Nǐ　huí　guó　hòu　dōu　gàn　shénme　ne?

李芳：陪　我　父母　吃吃　饭，聊聊　天儿　什么的。
　　　Péi　wǒ　fùmǔ　chīchi　fàn,　liáoliao　tiānr　shénmede.

高島：那　你　父母　一定　会　非常　高兴。
　　　Nà　nǐ　fùmǔ　yídìng　huì　fēicháng　gāoxìng.

113

単語

寒假 hánjià 名　冬休み　　　**就要～了** jiùyào～le　まもなく～になる　　　**放** fàng 動　（休みに）なる　　　**放假** fàngjià 動
休暇になる　　　**老家** lǎojiā 名　故郷　　　**过** guò 動　過ごす　　　**新年** xīnnián 名　新年　　　**就** jiù 副　（ほかでもなく）
～だけ　　　**好好儿** hǎohāor 副　思う存分　　　**宅** zhái 動　こもる　　　**都** dōu 副　答えの中に複数のことが予想される場合
の質問文に使う　　　**睡懒觉** shuì lǎnjiào　寝坊する　　　**机票** jīpiào 名　航空券　　　**高兴** gāoxìng 形　うれしい

50

1 "就要 〜 了"　「もうすぐ〜する」

我们　下　个　星期　**就要**　放假　**了**。
Wǒmen xià ge xīngqī jiùyào fàngjià le.

＊ ほかに、"快要〜了""快〜了""要〜了" などがある。ただし、前に時間を表す言葉がある
ときは、"就要〜了""要〜了" を使う。

学生们　　**快要**　考试　**了**。
Xuéshengmen kuàiyào kǎoshì le.

咱们　**快**　到　站　**了**，准备　下　车。　　　　　　　＊ 站 zhàn：駅
Zánmen kuài dào zhàn le, zhǔnbèi xià chē.

好像　**要**　下　雨　**了**，我们　回　家　吧。
Hǎoxiàng yào xià yǔ le, wǒmen huí jiā ba.

2 副詞 "就"　　「とりわけ〜だけを（…する）」——"就" の後ろの内容を強調する。

今天　吃　什么?　—— 今天　我　**就**　想　吃　拉面。
Jīntiān chī shénme ? Jīntiān wǒ jiù xiǎng chī lāmiàn.

你　妈妈　会　做　什么　菜?　—— 我　妈妈　**就**　会　做　日本菜。
Nǐ māma huì zuò shénme cài ? Wǒ māma jiù huì zuò rìběncài.

3 副詞 "都"　—— 答えの中に複数のことが予想される場合の質問文に使う。答えには使わない。

晚上　你　一般　**都**　做　什么?
Wǎnshang nǐ yìbān dōu zuò shénme ?

—— 看看　视频，　打打　游戏　什么的。
Kànkan shìpín, dǎda yóuxì shénmede.

你　**都**　会　做　什么　中国菜?
Nǐ dōu huì zuò shénme zhōngguócài ?

—— 麻婆豆腐、　青椒肉丝、　回锅肉　什么的。
Mápódòufu, qīngjiāoròusī, huíguōròu shénmede.

你　**都**　去过　哪些　国家?　　　　　　　　　　　　＊ 哪些 nǎxiē：（複数の対象について）
Nǐ dōu qùguo nǎxiē guójiā ?　　　　　　　　　　　　　 どの

—— 中国、　韩国、　新加坡　和　意大利。　　　　　　＊ 新加坡 Xīnjiāpō：シンガポール
Zhōngguó, Hánguó, Xīnjiāpō hé Yìdàlì.　　　　　　　　＊ 意大利 Yìdàlì：イタリア

117 **1** 音声を聞いて、次の語句を覚えましょう。

1)	2)	3)	4)

端午节 Duānwǔjié	粽子 zòngzi	中秋节 Zhōngqiūjié	月饼 yuèbing

118 **2** 次の文にピンインを付け、日本語に訳し、さらに読みましょう。

1)　　　就要　放假　了，我们　可以　好好儿　玩儿玩儿　了。

ピンイン _____

日本語訳 _____

2)　　　今天　是　端午节，我　就　买　粽子　了。

ピンイン _____

日本語訳 _____

3)　　　快　到　中秋节　了，中国　到处　都　卖　月饼。　　＊到处 dàochù：至る所

ピンイン _____

日本語訳 _____

3 日本語を参考に、（　　）に語句を書き入れましょう。

A：（　　　　　　）放假　了，你（　　　　　　）旅行　吗?　（もうすぐ休みになるけれど、
　　　　　　　　fàngjià　le,　nǐ　　　　　　　　lǚxíng　ma?　　どこかへ旅行へ行くの？）

B：不　去，我（　　　　　　）家　里。　　　　　　　（行かない。私はただ家に引
　　Bú　qù,　wǒ　　　　　　　jiā　lǐ.　　　　　　　　　きこもっていたい。）

A：你　在　家　里（　　　　　　）?　　　　　　　　（家で何と何をするの？）
　　Nǐ　zài　jiā　lǐ

B：睡睡（　　　　），看看（　　　　　）什么的。　（寝坊をしたり動画を見たりする。）
　　Shuìshui　　　　　kànkan　　　　　shénmede.

1 日本語に合う中国語が読まれた順に番号を書き入れ、さらに簡体字で書き取りましょう。 🎧 119

	もうすぐ冬休みになる	-------------------------------------
	休暇になるとすぐ帰省する	-------------------------------------
	寝坊をしたいだけだ	-------------------------------------
	ちゃんと休むべきだ	-------------------------------------

2 音声を聞いて、下線部に入る語句を書き取り、さらに会話してみましょう。 🎧 120

A： 新年 _____， 你 打算 _____ 吗?
　　Xīnnián　　　　　　　　 nǐ　dǎsuàn　　　　　　 ma ?

B： 对， 我 打算 回 国 _____ 我 父母。
　　Duì,　wǒ　dǎsuàn　huí　guó　　　　　　wǒ　fùmǔ.

A： 他们 一定 会 _____ 的。 你 _____ 打算 做 什么?
　　Tāmen　yídìng　huì　　　　　　 de.　Nǐ　　　　　dǎsuàn　zuò　shénme?

B： 陪 我 父母 _____， _____ 什么的。
　　Péi　wǒ　fùmǔ　　　　　　　　　　　　　　　　　　shénmede.

3 音声を聞いて質問文を書き取り、さらに中国語で答えましょう。 🎧 121

1) ---

　　答： ---

2) ---

　　答： ---

3) ---

　　答： ---

4 男女の会話を聞き、それについての質問に中国語で答えましょう。 🎧 122

1) ---

2) ---

第 12 课　留学

Liúxué

124
125

李芳：听说　你　要　去　北京　留学，是　吗?
　　　Tīngshuō　nǐ　yào　qù　Běijīng　liúxué,　shì　ma?

高岛：对。我　一定　要　把　汉语　学好！
　　　Duì.　Wǒ　yídìng　yào　bǎ　Hànyǔ　xuéhǎo!

李芳：对　你　来说，汉语　的　什么　地方　最　难?
　　　Duì　nǐ　láishuō,　Hànyǔ　de　shénme　dìfang　zuì　nán?

高岛：发音　最　难。特别　是　四声，我　总是　念错。
　　　Fāyīn　zuì　nán.　Tèbié　shì　sìshēng,　wǒ　zǒngshì　niàncuò.

李芳：你　去　北京　后，打算　住在　留学生　公寓　吗?
　　　Nǐ　qù　Běijīng　hòu,　dǎsuàn　zhùzài　liúxuéshēng　gōngyù　ma?

高岛：不，我　打算　住在　我　爸爸　的　朋友　家。
　　　Bù,　wǒ　dǎsuàn　zhùzài　wǒ　bàba　de　péngyou　jiā.

李芳：哦，你　爸爸　有　朋友　住在　北京　啊?
　　　Ó,　nǐ　bàba　yǒu　péngyou　zhùzài　Běijīng　a?

高岛：对。听　我　爸爸　说　那个　朋友　是　个　老北京。
　　　Duì.　Tīng　wǒ　bàba　shuō　nèige　péngyou　shì　ge　lǎoBěijīng.

李芳：这样　的话，你　每　天　都　有　机会　练习　说　汉语　了。
　　　Zhèyàng　dehuà,　nǐ　měi　tiān　dōu　yǒu　jīhuì　liànxí　shuō　Hànyǔ　le.

高岛：是　啊，还　能　体验　中国人　的　日常　生活，一举两得！
　　　Shì　a,　hái　néng　tǐyàn　Zhōngguórén　de　rìcháng　shēnghuó,　yìjǔliǎngdé!

123
単語

要 yào 助動 ～しようと思う　　把 bǎ 前 ～を　　对～来说 duì～láishuō ～に対して(言えば)、～にとって(は)

发音 fāyīn 图 発音　　特别是 tèbié shì 特に　　念 niàn 動 (声を出して)読む　　住 zhù 動 泊まる、住む

公寓 gōngyù 图 アパート　　哦 ó 感 おや、え　　老北京 lǎoBěijīng 代々北京に住んでいる人

这样的话 zhèyàng dehuà そうであるなら　　机会 jīhuì 图 機会、チャンス　　日常 rìcháng 形 日常の、ふだんの

一举两得 yìjǔliǎngdé 成語 一挙両得、一石二鳥

1 **助動詞 "要"** 「～しようと思う」「～しなければならない」

高島 **要** 去 北京 留学。
Gāodǎo yào qù Běijīng liúxué.

学习 外语 **要** 多 听 多 说。
Xuéxí wàiyǔ yào duō tīng duō shuō.

2 **"把" 構文** —— "把" により動作の対象を動詞の前に出し、その対象をどうしたか、どうするかを述べる。なお、動詞の後に必ず補語や "了" などをつける。

主語 ＋ **"把"** ＋ 動作の対象 ＋ 動詞 ＋ 補語 ／ **"了"** など

请 **把** 你 的 名字 写在 这里。
Qǐng bǎ nǐ de míngzi xiězài zhèli.

她 **把** 房间 打扫得 非常 干净。 ＊ 打扫 dǎsǎo：そうじする
Tā bǎ fángjiān dǎsǎode fēicháng gānjìng.

我 **把** 这个 月 的 钱 都 花 了。 ＊ 花 huā：（お金を）使う
Wǒ bǎ zhèige yuè de qián dōu huā le.

3 **"对 ～ 来说"** 「～に対して（言えば）」「～にとって（は）」

对 日本 学生 **来说**，汉语 的 发音 比较 难。
Duì Rìběn xuésheng láishuō, Hànyǔ de fāyīn bǐjiào nán.

对 我 **来说**，上课 跟 社团 活动 一样 重要。
Duì wǒ láishuō, shàngkè gēn shètuán huódòng yíyàng zhòngyào.

对 孩子 **来说**，玩儿 也 是 学习。
Duì háizi láishuō, wánr yě shì xuéxí.

4 **"有" の連動文** —— "有" の主語と後ろの動詞の主語が同じである。
「… をする ～（もの）がある」のように後ろから訳していく。

老师 **有** 时间 参加 我们 的 聚餐。
Lǎoshī yǒu shíjiān cānjiā wǒmen de jùcān.

我 **没有** 机会 交 中国 朋友。
Wǒ méiyǒu jīhuì jiāo Zhōngguó péngyou.

他 **有** 钱 买 车，**没有** 钱 买 房子。 ＊ 房子 fángzi：（建物としての）家
Tā yǒu qián mǎi chē, méiyǒu qián mǎi fángzi.

127 **1** 音声を聞いて、次の語句を覚えましょう。

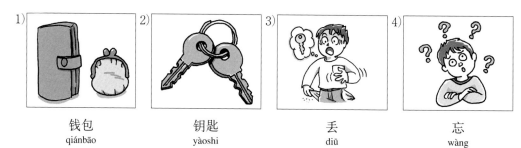

1) 钱包
qiánbāo

2) 钥匙
yàoshi

3) 丢
diū

4) 忘
wàng

128 **2** 次の文にピンインを付け、日本語に訳し、さらに読みましょう。

1)　　昨天　他　把　自行车　的　钥匙　丢　了。　　　　＊ 自行车 zìxíngchē：自転車

ピンイン ....

日本語訳 ....

2)　　对　年轻人　来说，手机　比　钱包　更　重要。　　　＊ 更 gèng：さらに

ピンイン ....

日本語訳 ....

3)　　我　有　一　个　问题　忘了　问　老师。

ピンイン ....

日本語訳 ....

3　日本語を参考に、（　　）に語句を書き入れましょう。

A：我　觉得　汉语　的　（　　　　）　最　难。　　（私にとって中国語の発音が一番難しい
　　Wǒ　juéde　Hànyǔ　de　　　　　　zuì　nán.　　です。）

　　我　总是　（　　　）　四声　（　　　　　）。　（私はいつも四声を読み間違えます。）
　　Wǒ　zǒngshì　　　　　sìshēng

B：（　　　　　　　　　），发音　（　　　　）　汉字　那么　难。
　　　　　　　　　　　　　fāyīn　　　　　　　Hànzì　nàme　nán.

　　　　　　　　　　　　　（私にとっては、発音は漢字ほどそんなに難しくありません。）

　　我　总是　（　　　）　简体字　（　　　　）。　（私はいつも簡体字を書き間違えます。）
　　Wǒ　zǒngshì　　　　　jiǎntǐzì

1 日本語に合う中国語が読まれた順に番号を書き入れ、さらに簡体字で書き取りましょう。 🎧129

	鍵をなくした	....
	財布を忘れた	....
	新しい携帯電話を買うお金がある	....
	動画を見る時間がない	....

2 音声を聞いて、下線部に入る語句を書き取り、さらに会話してみましょう。 🎧130

A： .... 你 .... 上海 留学， 是 吗?
　　　　　　　nǐ　　　　　　Shànghǎi liúxué,　 shì ma ?

B： 对。 我 一定 要 .... !
　　Duì.　Wǒ yídìng yào

A： 这样 的话， 你 还 .... 中国 朋友。
　　Zhèyàng dehuà,　nǐ hái　　　　　　　　　　Zhōngguó péngyou.

3 音声を聞いて質問文を書き取り、さらに中国語で答えましょう。 🎧131

1) ....

　答：..

2) ....

　答：..

3) ....

　答：..

4 男女の会話を聞き、それについての質問に中国語で答えましょう。 🎧132

1) ....

2) ....

総合練習 3

133 1 音声の読まれた順に〔 〕に番号を書き入れ、発音練習しましょう。

1) 出门 　　旅游 　　放假 　　机会 　　迟到 　　重要
　〔　〕 　　〔　〕 　　〔　〕 　　〔　〕 　　〔　〕 　　〔　〕

2) 电影院 　　端午节 　　吃粽子 　　见过面 　　交朋友
　〔　〕 　　〔　〕 　　〔　〕 　　〔　〕 　　〔　〕

3) 对你来说 　　前天丢的 　　日常生活 　　打工赚钱
　〔　〕 　　〔　〕 　　〔　〕 　　〔　〕

134 2 音声を聞き、その内容として最も適当なものを、それぞれ A～C から選びましょう。

> メモ

1) A 男性は女性の友達と旅行に行きたくない。
　 B 男性はお金がないからゲームが買えない。
　 C 男性は休暇中バイトをしてお金を稼ぐ予定だ。

2) A 女性は男性から旅行に誘われた。
　 B 女性は休暇中旅行に行く予定だ。
　 C 女性は友達と旅行に行ってきた。

135 3 音声を聞いて質問文を書き取り、それに対して最も適当な答えを、A～C の中から選びましょう。

1)

　A 　　　　　　　　　B 　　　　　　　　　C

2)

　A 　　　　　　　　　B 　　　　　　　　　C

3)

　A 　　　　　　　　　B 　　　　　　　　　C

4　問題文を聞き、その後の質問に対する答えとして最も適当なものを、それぞれ A ～ D の中か ⌒136⌒
ら選びましょう。

```
┌─────────────────────────────────────────────┐
│ メ モ                                          │
│                                               │
│                                               │
│                                               │
│                                               │
│                                               │
│                                               │
│                                               │
│                                               │
└─────────────────────────────────────────────┘
```

1)

　　A　　　　　　　　B　　　　　　　　C　　　　　　　　D

2)

　　A　　　　　　　　B　　　　　　　　C　　　　　　　　D

5　音声を聞いて質問文を書き取り、さらに中国語で答えましょう。 ⌒137⌒

1) 問：..

　　答：..

2) 問：..

　　答：..

3) 問：..

　　答：..

4) 問：..

　　答：..

* □内の数字は初出の課。
総 は「総合練習」のページを示す。

——— A ———

a	啊	助	～ね、～よ	1
ài	爱	動	好む	3
àihào	爱好	名	趣味	6

——— B ———

bǎ	把	前	～を	12
bàba	爸爸	名	父、お父さん	2
ba	吧	助	① ～しましょう	1
			② ～しなさい	3
			③ ～でしょう	2
bǎi	摆	動	並べる	4
bāng	帮	動	（代わりに）～して	
			あげる、助ける	4
bāngmáng	帮忙	動	助ける	10
bàng	棒	名	素晴らしい(口語)	7
bàngqiú	棒球	名	野球	8
bàochou	报酬	名	報酬	10
Běihǎidào	北海道	名	北海道	6
Běijīng	北京	名	北京	7
bítì	鼻涕	名	鼻水	9
bǐ	比	前	～より、～に比べて	12
bǐjiào	比较	副	わりと、比較的に	7
bǐsài	比赛	名	試合	6
bìxū	必须	副	必ず	10
bìyè	毕业	動	卒業する	2
biànlìdiàn	便利店	名	コンビニエンススト	
			ア	4
búcuò	不错	形	悪くない、なかなか	
			よい	4
búdàn ～ érqiě …	不但 ～ 而且 …		ただ～だけで	
			なく、しかも…	10
búguò	不过	接	しかし、でも	3
búshì ～ jiùshì …	不是 ～ 就是 …		～でなければ	
			…である	9
búshì ～ ma	不是 ～ 吗		～ではないか(そう	
			である)	9
bú tài ～	不太 ～		あまり～でない	1
bù	不	副	～ない	1

bùhǎoyìsi	不好意思		申し訳ない	4
～ buliǎo	-不了		(可能補語の否定形)	
			～できない／～しき	
			れない	8

——— C ———

cái	才	副	やっと、ようやく	7
cài	菜	名	料理	7
càiguǎnr	菜馆儿	名	料理店	8
cānjiā	参加	動	参加する	8
cāntīng	餐厅	名	レストラン	7
cāoxīn	操心	動	心を煩わす、心配す	
			る	10
chá	查	動	調べる	6
cháng	常	副	よく、しょっちゅう	3
chàng	唱	動	歌う	6
chē	车	名	車	5
chéng	成	動	～になる	7
chī	吃	動	食べる	3
chídào	迟到	動	遅刻する	9
chōuyān	抽烟	動	タバコを吸う	4
-chū	-出		(方向補語)～(して)	
			出る	4
chūcì jiànmiàn	初次见面		はじめまして	1
chūmén	出门	動	外出する	5
chūqu	出去	動	出かける	総1
chūzhōngshēng	初中生	名	中学生	2
chúle ～	除了 ～		～を除いて、～のほ	
			かに	3
chúle ～ yǐwài …	除了 ～ 以外 …		～を除いて…、	
			～のほかに…	3
chúshī	厨师	名	コック、料理人	8
-chulai	-出来		(方向補語)～(して)	
			出てくる	4
-chuqu	-出去		(方向補語)～(して)	
			出ていく	4
chuān	穿	動	着る、履く	7
chuāncài	川菜	名	四川料理	8
chuānghu	窗户	名	窓	4
cí	辞	動	辞める	10

60

cídiǎn	词典	名 辞書	6
cídiào	辞掉	辞めてしまう	10
cì	次	量 （回数を数える）～回	7
cōngming	聪明	形 聡明である	10
cóng	从	前 ～から	4
cuò	错	形 間違っている	9
-cuò	-错	（結果補語）～し間違える	8
cuòr	错儿	名 間違い	8

——————D——————

dǎ	打	動 ① （ゲームを）やる	3
		② （キーボードを）打つ	4
		③ （球技などのスポーツを）する	7
dǎgōng	打工	動 アルバイトをする	2
dǎsǎo	打扫	動 そうじする	12
dǎsuàn	打算	動 ～するつもりだ	4
dà	大	形 大きい	1
dàhào	大号	名 大きいサイズ	8
dàjiā	大家	名 みんな、みなさん	3
dàxué	大学	名 大学	1
dàxuéshēng	大学生	名 大学生	7
dàxuě	大雪	名 大雪	6
dài	戴	動 （眼鏡や帽子を）かける、かぶる	9
dānxīn	担心	動 心配する	8
dàngāo	蛋糕	名 ケーキ	10
dāngrán	当然	副 もちろん	8
dào	到	動 ～になる、着く	4
-dào	-到	（結果補語）動作の目的が実現されたことを表わす	5
dàochù	到处	副 至る所	11
dé	得	動 得る	9
de	的	助 名詞の前に修飾語がくるときに使う	1
de	地	助 動詞・形容詞の前に修飾語がくるときに使う	2
de	得	助 ① 動詞の後に置き、様態補語を導く	7

		② 動詞と方向補語・結果補語の間に置き、可能補語を作る	6
-deliǎo	-得了	（可能補語の肯定形）～できる／～しきれる	8
děng	等	動 待つ	4
dī	低	形 低い	10
dìdao	地道	形 生粋の、本場の	8
dìdi	弟弟	名 弟	2
dìfang	地方	名 場所、ところ	6
diǎn	点	名 （時間の単位）～時	3
diǎn(cài)	点（菜）	動 （料理を）注文する	8
diàn	店	名 店	3
diànchē	电车	名 電車	2
diànnǎo	电脑	名 コンピュータ	4
diànyǐng	电影	名 映画	6
diànyǐngyuàn	电影院	名 映画館	6
diànzǐ yóuxiāng	电子邮箱	メールアドレス	1
diū	丢	動 なくす	12
dōngtiān	冬天	名 冬	6
dōngxi	东西	名 もの、品物	1
dǒng	懂	動 わかる、理解する	1
-dǒng	-懂	（結果補語）～してわかる、理解する	6
dòngmàn yóuxì	动漫游戏	アニメゲーム	1
dōu	都	副 ① みな	2
		② 答えの中に複数のことが予想される場合の質問文に使う	11
dúshēngnǚ	独生女	名 一人娘	2
dúshēngzǐ	独生子	名 一人息子	2
dǔchē	堵车	動 渋滞する	5
Duānwǔjié	端午节	名 端午の節句	11
duì	对	前 ～に対して	1
		形 正しい、そのとおりである	2
duì ～ láishuō	对 ～ 来说	～に対して（言えば）、～にとって（は）	12
duō	多	形 多い、たくさん	1
duōdà	多大	何歳	2
duōshaoqián	多少钱	いくら	8

——— E ———

éi	欸	感 ねえ	4

——— F ———

fā Wēixìn	发微信	WeChat を送る	7
fāyīn	发音	名 発音	12
fānyì	翻译	動 通訳する、翻訳する	10
fàn	饭	名 食事	11
fāngbiàn	方便	形 便利である、都合が よい	3
fángjiān	房间	名 部屋	12
fángzi	房子	名 (建物としての) 家	12
fàng	放	動 ① 入れる	8
		② (休みに) なる	11
fàngjià	放假	動 休暇になる	11
fēicháng	非常	副 非常に、とても	1
fēng	风	名 風	9
fúwùyuán	服务员	名 従業員	8
fùjìn	附近	名 付近、近所、近く	4
fùmǔ	父母	名 父母、両親	2
fùqin	父亲	名 父親	2
Fùshìshān	富士山	名 富士山	総2
fùxí	复习	動 復習する	1

——— G ———

gānjìng	干净	形 きれいである、清潔 である	7
gǎn xìngqù	感兴趣	興味がある	1
gàn	干	動 (仕事などを)する、 やる	10
gāng	刚	副 ～したばかりである	1
gāngqín	钢琴	名 ピアノ	
gāo	高	形 高い	2
gāotiě	高铁	名 高速鉄道	7
gāoxìng	高兴	形 うれしい	11
gāozhōng	高中	名 高校	5
gàosu	告诉	動 告げる、知らせる	9
gēge	哥哥	名 兄、お兄さん	2
gēr	歌儿	名 歌	6
ge	个	量 (品物や人を数える) ～個、～人	1
gěi	给	前 ～に	5
gēn	跟	前 ～と	1

gèng	更	副 さらに	12
gōngjiāochē	公交车	名 バス	2
gōngsī	公司	名 会社	10
gōngyù	公寓	名 アパート	12
gōngzuò	工作	名 仕事	2
		動 仕事をする	2
guā	刮	動 (風が) 吹く	9
guān	关	動 閉まる	4
guāng	光	副 ～してばかり	2
guàng	逛	動 ぶらつく、見てまわ る	1
guàngjiē	逛街	動 街をぶらつく	4
guàng shāngdiàn	逛商店	ウィンドーショッピ ングをする	1
guì	贵	形 (値段が) 高い	4
guójiā	国家	名 国、国家	11
guónèi	国内	名 国内	3
guò	过	動 過ごす	5
-guò	-过	(方向補語)～(して) 過ぎる、～(して)渡 る	4
guo	过	助 ～したことがある	3
-guolai	-过来	(方向補語)～(して) 過ぎてくる、～(し て) 渡ってくる	4
-guoqu	-过去	(方向補語)～(して) 過ぎていく、～(し て) 渡っていく	4

——— H ———

hái	还	副 ① まだ	2
		② また、その上	3
háishi	还是	副 やはり	9
		接 それとも	総1
háizi	孩子	名 子供	3
Hánguó	韩国	名 韓国	11
hánjià	寒假	名 冬休み	11
Hànyǔ	汉语	名 中国語	3
Hànzì	汉字	名 漢字	12
hǎo	好	形 よい	1
-hǎo	-好	(結果補語) ちゃん とできている	5
hǎochī	好吃	形 (食べて)おいしい	2
hǎode	好的	よろしい	1
hǎohāor	好好儿	副 思う存分	11

hǎokàn	好看	形	（見た目が）きれい である	4	jìzhù	记住	動	（しっかりと）覚え る、記憶する	5

hǎokàn	好看	形	（見た目が）きれいである	4	jìzhù	记住	動	（しっかりと）覚える、記憶する	5
hǎotīng	好听	形	（聴いて）きれいである	8	jiā	家	名	（場所としての）家	2
hǎoxiàng	好像	副	〜のようだ、〜みたいだ	6			量	（家・商店などを数える）〜軒	3
hē	喝	動	飲む	6	jiārén	家人	名	家族	3
hé	和	接	〜と…	2	jiātíng	家庭	名	家庭	2
		前	〜と	7	jiàgé	价格	名	価格、値段	10
hěn	很	副	とても	1	jiàqian	价钱	名	値段	4
hěn shǎo	很少		（動詞の前に置き）めったに〜しない	3	jiàzi	架子	名	棚	4
					jiǎntǐzì	简体字	名	簡体字	12
hóngchá	红茶	名	紅茶	6	jiàn	件	量	（事柄や洋服を数える）〜件、〜枚	8
hòu	后	名	後	7					
hùliánwǎng	互联网	名	インターネット	3	jiàn	见	動	見る、目に入る	6
hùxiāng	互相	副	互いに	7	jiànkāng	健康	形	健康である	2
huā	花	動	（お金を）使う	12	jiànmiàn	见面	動	会う、対面する	10
huāfěnzhèng	花粉症	名	花粉症	9	jiāo	教	動	教える	6
huājiāo	花椒	名	サンショウ	8	jiāoliú	交流	動	交流する、コミュニケーションを取る	1
huà	话	名	話	9					
huàn	换	動	換える、取り換える、兌換する	8	jiāo péngyou	交朋友		友達になる	7
					jiǎozi	饺子	名	ギョーザ	8
huángjīnzhōu	黄金周	名	ゴールデンウィーク	5	jiào	叫	動	名を〜という、呼ぶ	1
huí	回	動	帰る	11	jiàoshì	教室	名	教室	4
-huí	–回		（方向補語）〜（して）戻る	4	jiějie	姐姐	名	姉、お姉さん	2
					jiěmèi	姐妹	名	姉妹	2
huídá	回答	動	答える	1	jièshào	介绍	動	紹介する	3
huíguōròu	回锅肉	名	ホイコーロー	8	jīnhòu	今后	名	今後、以後	1
huí guó	回国		帰国する	11	jīnnián	今年	名	今年	1
huì	会	助動	① 〜できる	3	jīnpái	金牌	名	金メダル	9
			② 〜するはずだ、〜するであろう	9	jīntiān	今天	名	今日	3
					jìn	进	動	入る	4
-huilai	–回来		（方向補語）〜（して）戻ってくる	4	-jìn	–进		（方向補語）〜（して）入る	4
-huiqu	–回去		（方向補語）〜（して）戻っていく	4	-jinlai	–进来		（方向補語）〜（して）入ってくる	4
huǒchē	火车	名	汽車	7	-jinqu	–进去		（方向補語）〜（して）入っていく	4
					jīngcháng	经常	副	よく、しょっちゅう	2

——— J ———

jīchǎng	机场	名	空港	8	jiǔ	久	形	（時間が）長い、久しい	4
jīhuì	机会	名	機会、チャンス	12	jiǔ	酒	名	酒	9
jīpiào	机票	名	航空券	11	jiù	就	副	① （仮定などを表わす前節を受けて）そうしたら、それなら	3
jǐ	几	代	いくつ	2					
jìbuzhù	记不住		覚えられない	6					
jìdezhù	记得住		覚えられる	6				② すぐに	9

			③（ほかでもなく）	
			〜だけ	11
jiùshì	就是		ごもっとも	10
jiùyào 〜 le	就要 〜 了		まもなく〜になる	11
jù	句	量	言葉や文を数える単位	9
jùcān	聚餐	動	会食する	8
juéde	觉得	動	思う	4

——— K ———

kāfēi	咖啡	名	コーヒー	4
kǎlā'ōukèi	卡拉 OK	名	カラオケ	8
kāi	开	動	① 開く	4
			②（車を）運転する	7
kāichē	开车	動	運転する	4
kāishǐ	开始	動	始める	5
kāixīn	开心	形	楽しい	7
kàn	看	動	見る、読む	2
kànbujiàn	看不见		見えない	6
kàndejiàn	看得见		見える	6
kǎoshì	考试	名	試験	5
kěshì	可是	接	けれども、しかし	総2
kěyǐ	可以	助動	〜してよい、（許可して）〜できる	1
kǒu	口	量	家族の人数を数えるときに使う	2
kǒuzhào	口罩	名	マスク	9
kuài	快	形	速い	2
kuài 〜 le	快 〜 了		もうすぐ〜する	11
kuàicāndiàn	快餐店	名	ファストフード店	10
kuàiyào 〜 le	快要 〜 了		もうすぐ〜する	11

——— L ———

lāmiàn	拉面	名	ラーメン	11
là	辣	形	辛い	8
làjiāo	辣椒	名	唐辛子	8
lái	来	動	来る	1
láibují	来不及	動	間に合わない	6
láidejí	来得及	動	間に合う	6
-lai	-来		（方向補語）〜（して）くる	4
lǎoBěijīng	老北京		代々北京に住んでいる人	12
lǎojiā	老家	名	故郷	11

lǎolao	姥姥	名	母方のおばあさん	2
lǎoshī	老师	名	先生	1
lǎoye	姥爷	名	母方のおじいさん	2
le	了	助	①（完了を表わす）〜した	3
			②（変化を表わす）〜のようになる	6
lèi	累	形	疲れている	4
lǐ	里	名	なか	4
lǐxiǎng	理想	名	理想	2
lián 〜 dōu …	连 〜 都 …		〜さえも…	8
lián 〜 yě …	连 〜 也 …		〜さえも…	8
liánxì	联系	動	連絡する	1
liànxí	练习	動	練習する	7
liǎng	两	数	2つ	2
liáo	聊	動	雑談する	7
liáotiānr	聊天儿	動	世間話をする、雑談をする	3
liǎobuqǐ	了不起	形	すごい、立派である	6
liú	流	動	流れる、流す	9
liú bítì	流鼻涕		鼻水が出る	9
liúlì	流利	形	流暢である	7
liúxué	留学	動	留学する	5
liúxuéshēng	留学生	名	留学生	1
liú yǎnlèi	流眼泪		涙が出る	9
lù	录	動	録音する、吹き込む	9
lùshang	路上	名	道中、途中	5
lùnwén	论文	名	論文	2
lǚguǎn	旅馆	名	旅館	5
lǚxíng	旅行	動	旅行する	5
lǚxíngshè	旅行社	名	旅行社	10
lǚyóu	旅游	動	旅行する	7
lùchá	绿茶	名	緑茶	6

——— M ———

māma	妈妈	名	母、お母さん	2
málà	麻辣	形	舌がぴりぴりしびれるように辛い	8
málàhuǒguō	麻辣火锅	名	サンショウと唐辛子のたれのしゃぶしゃぶ	8
mápódòufu	麻婆豆腐	名	マーボードウフ	8
ma	吗	助	〜か	1
ma	嘛	助	〜じゃないのか	3
mǎi	买	動	買う	1

mài	卖	動 売る	11
mǎnyì	满意	動 満足する	1
máng	忙	形 忙しい	2
méi	没	副 ～しなかった、～していない	3
méishìr	没事儿	動 なんでもない、大したことない	4
méi(yǒu)	没(有)	動 ～ない、持っていない	2
měi	每	代 毎	2
měi ～ dōu …	每 ～ 都 …	すべての～はみな…	2
měi nián	每年	名 毎年	11
měi tiān	每天	名 毎日	2
mén	门	名 入り口、門	4
men	们	接尾 ～たち	1
mèngjiàn	梦见	動 夢に見る	5
mìmǎ	密码	名 パスワード	6
míngnián	明年	名 来年	2
míngtiān	明天	名 明日	3
míngzi	名字	名 名前	8
mǔqin	母亲	名 母親	2

——— N ———

ná	拿	動 手に持つ、手に取る	4
nǎ	哪	代 どれ	3
nǎr	哪儿	代 どこ	5
nǎxiē	哪些	代 どれ、どんな	11
nà	那	代 あれ、それ	8
		接 それでは	4
nàme	那么	代 そんなに、あんなに	2
nàr	那儿	代 あそこ、そこ	8
nǎinai	奶奶	名 父方のおばあさん	2
nán	难	形 難しい	3
nánde	男的	男性(口語)	1
nàolíng	闹铃	名 アラーム	9
nàozhōng	闹钟	名 目覚まし時計	9
ne	呢	助 ① ～は？	1
		② ～よ	3
něige	哪个	代 どの	1
nèige	那个	代 あの、その	4
néng	能	助動 ～できる	5
ǹg	嗯	感 うん	6
nǐ	你	代 あなた	1
nǐ hǎo	你好	こんにちは、はじめまして	1

nǐmen	你们	代 あなたたち	1
nián	年	名 年	総2
niánjí	年级	名 学年	1
niánqīngrén	年轻人	名 若者	1
niàn	念	動 (声を出して)読む	12
nǔlì	努力	形 一生懸命である	2
nǚde	女的	女性(口語)	1

——— O ———

ó	哦	感 おや、え	12
ò	哦	感 ああ	10

——— P ———

páshān	爬山	動 山登りする	2
pà	怕	動 恐れる、心配する	10
pàng	胖	形 太っている	10
pǎo	跑	動 走る	4
pào wēnquán	泡温泉	温泉に入る	5
péi	陪	動 付き添う	4
péngyou	朋友	名 友達	3
píbāo	皮包	名 (革製の)カバン、バッグ	4
píláo	疲劳	形 疲れている	5
piányi	便宜	形 安い	3
piàoliang	漂亮	形 きれいである	3
pīnmìng	拼命	副 必死で	2
pīngpāngqiú	乒乓球	名 卓球	7
píngbǎn diànnǎo	平板电脑	タブレット型パソコン	1
píngguǒ	苹果	名 リンゴ	10
píngshí	平时	名 普段	5
pǔtōng lièchē	普通列车	普通列車	7

——— Q ———

qījiān	期间	名 期間	5
qíquán	齐全	形 そろっている	10
qǐ	起	動 起きる	
-qǐ	-起	(方向補語)(低い位置から)上げる、上がる	4
qǐchuáng	起床	動 起床する	総2

-qilai	-起来	（方向補語）（低い位置から）上げてくる、上がってくる ④	
qián	前	名 前	④
qián	钱	名 お金	⑤
qiánbāo	钱包	名 財布	⑫
qiántiān	前天	名 おととい	⑧
qīngjiāo ròusī	青椒肉丝	名 チンジャオロース	⑪
qǐng	请	動 どうぞ～してください	④
qù	去	動 行く	①
qùnián	去年	名 去年	⑤
-qu	-去	（方向補語）～（して）いく	④
quánjiā	全家	家族全員	⑤

——— R ———

ránhòu	然后	接 そのあと	⑦
ràng	让	動 （人に）～させる	④
rè	热	形 暑い	⑤
rènao	热闹	形 にぎやかである	②
rén	人	名 人	①
rénmínbì	人民币	名 人民元（中国の通貨）	⑧
rènshi	认识	動 知り合う	⑦
Rìběn	日本	名 日本	①
rìběncài	日本菜	名 日本料理	⑪
rìcháng	日常	形 日常の	⑫
Rìyǔ	日语	名 日本語	⑥

——— S ———

sànbù	散步	動 散歩する	②
shānzhēnhǎiwèi	山珍海味	成語 山海の珍味	⑤
shāngdiàn	商店	名 商店	⑤
shāngpǐn	商品	名 商品	⑩
shàng	上	名 ① 上 ④ ② 前の ⑦ 動 （学校に）通う ⑦	
-shàng	-上	（方向補語）～（して）上る	④
Shànghǎi	上海	名 上海	⑫
shàngkè	上课	動 授業を受ける	⑫
shàngmiàn	上面	名 上、上のほう	⑫
shàng yèbān	上夜班	夜勤をする	⑩
-shanglai	-上来	（方向補語）～（して）上ってくる	④

-shangqu	-上去	（方向補語）～（して）上っていく	④
shǎo	少	形 少ない	③
shèjì	设计	動 設計する	③
shètuán huódòng	社团活动	（学生の）クラブやサークル活動	①
shéi	谁	代 誰	④
shēntǐ	身体	名 身体	②
shénme	什么	代 なに、どんな	①
shénmede	什么的	助 ～など、～とか	⑥
shénme shíhou	什么时候	いつ	③
shēngcí	生词	名 新出単語	⑥
shēnghuó	生活	動 生活する ② 名 生活 ⑫	
shèng	剩	動 残す、残る	⑧
shíhou	时候	名 とき	①
shíjiān	时间	名 時間	⑥
shíshàng	时尚	形 時代にマッチしている、流行している	⑦
shízhuāng	时装	名 ファッション	①
shì	是	動 ～である	①
shì	事	名 こと	⑧
shìjiè	世界	名 世界	⑥
shìpín	视频	名 動画	⑥
shǒu	首	量 （歌や詩を数える）～首、～曲	⑧
shǒu	手	名 手	⑦
shǒujī	手机	名 携帯電話、スマートフォン	④
shǒujīhào	手机号	携帯電話の番号	①
shǒujīkér	手机壳儿	携帯電話のケース	③
shòubuliǎo	受不了	耐えられない	⑧
shū	书	名 本	②
shuì	睡	動 眠る	⑦
shuìjiào	睡觉	動 寝る	④
shuì lǎnjiào	睡懒觉	動 寝坊する	⑪
shuō	说	動 話す	②
Sìchuān	四川	名 四川	⑧
sìshēng	四声	名 四声	⑫
suīrán ～ dànshì …	虽然 ～ 但是 …	～ではあるが、しかし…	⑩
suì	岁	名 歳	②

——— T ———

tā	他	代 彼	②

tā	她	代 彼女	1	
tāmen	他们	代 彼ら	2	
tài	太	副 あまりにも	9	
tài ~ le	太 ~ 了	あまりにも~である	1	
tǎng	躺	動 横たわる	4	
tèbié	特别	副 ことのほか、特別に	1	
tèbié shì	特别是	特に	12	
tèsè	特色	名 特色	8	
tī	踢	動 蹴る	6	
tǐyàn	体验	動 体験する	5	
tǐyùguǎn	体育馆	名 体育館	1	
tiān	天	名 日	9	
tiānqì	天气	名 天気	6	
tiàowǔ	跳舞	動 ダンスをする	6	
tīng	听	動 聞く	4	
tīngshuō	听说	動 ~と聞いている、話によると~だそうだ	3	
tíng	停	動 止まる	2	
tǐng ~ de	挺 ~ 的	なかなか~だ	4	
tóngxué	同学	名 同級生	5	
tóngyì	同意	動 同意する、賛成する	9	
túshūguǎn	图书馆	名 図書館	7	
tuì	退	動 返品する	8	

——— W ———

wā	哇	感 わあ	8	
wàiyǔ	外语	名 外国語	12	
wàizǔfù	外祖父	名 外祖父	2	
wàizǔmǔ	外祖母	名 外祖母	2	
wánr	玩儿	動 遊ぶ	2	
wǎn	晚	形 遅い	5	
wǎnshang	晚上	名 夜	2	
wǎng	往	前 ~へ	6	
wǎngbā	网吧	名 インターネットカフェ	3	
wǎngdiàn	网店	名 ネットショップ	3	
wǎnggòu	网购	動 ネットショッピングをする	3	
wǎngshàng	网上	インターネット上	3	
wǎngyè	网页	名 ウェブページ	3	
wǎngzhàn	网站	名 ウェブサイト	3	
wàng	忘	動 忘れる	12	
Wēixìn	微信	名 WeChat	7	
wèishénme	为什么	なぜ、どうして	5	
wēnquán	温泉	名 温泉	5	

wénhuà	文化	名 文化	3	
wénxué	文学	名 文学	1	
wèn	问	動 聞く、尋ねる	1	
wèntí	问题	名 問題	12	
wǒ	我	代 私	1	
wǒmen	我们	代 私たち	1	
wūlóngchá	乌龙茶	名 ウーロン茶	6	
wúlùn ~ dōu …	无论 ~ 都 …	~であろうと…、~を問わず…	8	
wúlùn ~ yě …	无论 ~ 也 …	~であろうと…、~を問わず…	8	

——— X ———

Xī'ān	西安	名 西安	7	
xíguàn	习惯	動 慣れる	9	
xǐ	洗	動 洗う	7	
xǐhuan	喜欢	動 好きである、好む	1	
xì	系	名 学部	1	
xià	下	動 (雨などが)降る、(乗り物などから)降りる	6	
		名 次の	11	
-xià	-下	(結果補語)~(して)下る	4	
xià cì	下次	名 次回	1	
xiàkè	下课	動 授業が終わる	6	
xiàtiān	夏天	名 夏	5	
xià yǔ	下雨	雨が降る	9	
-xialai	-下来	(結果補語)~(して)下ってくる	4	
-xiaqu	-下去	(結果補語)~(して)下っていく	4	
xiān	先	副 先に、まず	7	
xiàndài	现代	名 現代、近代	1	
xiànmù	羡慕	動 うらやむ	2	
xiànzài	现在	名 いま、現在	1	
xiǎng	想	助動 ~したいと思う	3	
xiǎngdào	想到	思いつく	5	
xiāochú	消除	動 取り除く	5	
xiāofèi	消费	動 消費する	1	
xiǎo	小	接頭 ~さん	3	
		形 小さい	8	
xiǎoshí	小时	名 時間(60分のこと)	7	
xiǎoshuō	小说	名 小説	1	
xiě	写	動 書く	2	

xīn	新	形	新しい	⑨
Xīnjiāpō	新加坡	名	シンガポール	⑪
xīnkǔ	辛苦	形	心身ともにつらい、苦労する	②
xīnkuǎn	新款	名	新しいデザイン	④
xīnlǐ	心理	名	心理	①
xīnlǐxué	心理学	名	心理学	①
xīnnián	新年	名	新年	⑪
xīnxian	新鲜	形	新鮮である	⑤
xìn	信	動	信じる、信用する	⑨
xīngqī	星期	名	週	⑪
xīngqītiān	星期天	名	日曜日	⑤
xíng	行	形	よろしい	⑩
xiōngdì	兄弟	名	兄弟	②
xiū	修	動	修理する	⑧
xiūxi	休息	動	休む	④
xué	学	動	習う、学ぶ	④
xuéhǎo	学好		習得する、マスターする	⑤
xuésheng	学生	名	学生	①
xuéxí	学习	動	学習する、勉強する	①
xuéxiào	学校	名	学校	①

——— Y ———

yǎnlèi	眼泪	名	涙	⑨
yào	要	動	(時間が) かかる	⑦
		助動	① ～しようと思う	⑫
			② ～しなければならない	⑫
yào ～ le	要 ～ 了		もうすぐ～する	⑪
yàohǎo	要好	形	仲がよい	⑦
yàoshi	钥匙	名	鍵	⑫
yéye	爷爷	名	父方のおじいさん	②
yě	也	副	～も	②
yèbān	夜班	名	夜勤	⑩
yèli	夜里	名	夜中	⑦
yī ～ jiù …	一 ～ 就 …		～すると (すぐに) …	⑥
Yīdòu	伊豆	名	伊豆	⑤
yīfu	衣服	名	衣服	⑧
yídìng	一定	副	必ず	⑥
yíhuìr	一会儿	名	少しの間	⑩
yílùshang	一路上	名	道中	⑦
yíxiàr	一下儿	数量	ちょっと、少し	⑩
yíyàng	一样	形	同じである	⑫

yǐhòu	以后	名	以後	⑥
yǐjīng	已经	副	すでに	⑤
yǐqián	以前	名	以前	⑥
yìbān	一般	副	通常、たいてい	③
Yìdàlì	意大利	名	イタリア	⑪
Yìdàlìyǔ	意大利语	名	イタリア語	③
yìdiǎnr	一点儿	数量	少し、ちょっと	③
yìdiǎnr dōu bù ～	一点儿都不 ～		少しも～しない、まったく～しない	③
yìdiǎnr dōu méi ～	一点儿都没 ～		少しも～しなかった、まったく～しなかった	③
yìdiǎnr yě bù ～	一点儿也不 ～		少しも～しない、まったく～しない	③
yìdiǎnr yě méi ～	一点儿也没 ～		少しも～しなかった、まったく～しなかった	③
yìjǔliǎngdé	一举两得	成語	一挙両得、一石二鳥	⑫
yìqǐ	一起	副	一緒に	①
		名	同じ所	⑤
yìxīnyíyì	一心一意	成語	一心不乱だ	②
yìzhí	一直	副	ずっと	④
yīnwèi	因为	接	なぜなら	⑤
yīnwèi ～ suǒyǐ …	因为 ～ 所以 …		～なので…	⑤
yīnyuè	音乐	名	音楽	④
yínháng	银行	名	銀行	⑧
yínpái	银牌	名	銀メダル	⑨
yīnggāi	应该	助動		①
Yīngyǔ	英语	名	英語	③
yíngyǎng	营养	名	栄養	⑩
yǐngxiǎng	影响	動	影響する、影響を与える	⑩
yòng	用	動	使う	総1
yōuxián	悠闲	形	(生活が) のんびりしている	②
yóuxì	游戏	名	ゲーム	①
yǒu	有	動	ある、いる	①
yǒudiǎnr	有点儿	副	少し (望ましくないことに使うのが多い)	⑩
yòu	又	副	また	⑨
yúxiāngròusī	鱼香肉丝	名	細切り肉の辛みそ炒め	⑧
yǔ	雨	名	雨	⑨
yuǎn	远	形	遠い	⑦

yuèbing	月饼	名	月餅		11
yuèláiyuè	越来越		ますます		6
yùndòng	运动	名	スポーツ、運動		8

——— Z ———

zài	在	前	～で		3
		動	（～に）ある、（～に）いる		4
		副	（動作の進行を表わす）～している		2
-zài	-在		（結果補語）（ある場所に）～する		5
zài yě bù ～ le	再也不～了		二度とは～しない		9
zài yě méi ～ guo	再也没～过		二度と～することがなかった		9
zánmen	咱们	代	私たち（聞き手を含んだ言い方）		4
zǎo	早	形	早い		4
zǎofàn	早饭	名	朝食		3
zǎoshang	早上	名	朝		2
zěnme	怎么	代	① どう、どのように	総1
			② なぜ、どうして		5
zěnmeyàng	怎么样	代	どう、いかが		4
zhái	宅	動	こもる		11
zhàn	站	動	立つ		4
		名	駅、停留所		11
zhàngfu	丈夫	名	夫		4
zhǎo	找	動	さがす		2
zhǎobudào	找不到		見つからない		6
zhǎodedào	找得到		見つかる		6
zhàoxiàng	照相	動	写真を撮る、撮影する		10
zhè	这	代	これ、それ		1
zhèli	这里	代	ここ、そこ	総1
zhème	这么	代	こんなに、そんなに		2
zhèr	这儿	代	ここ、そこ		4
zhèyàng	这样	代	こうする、そうする		9
zhèyàng dehuà	这样的话		そうであるなら		12
zhe	着	助	①（持続を表わす）～ている		4
			②（手段や状態を表わす）～して／しながら（…する）		4
zhèige	这个	代	この、その		3

zhèige yuè	这个月		今月		12
zhēn	真	副	本当に		2
zhěngtiān	整天	名	一日中		2
zhènghǎo	正好	副	都合よく、折よく		5
zhèngzài	正在	副	ちょうど～している		2
zhīdao	知道	動	知っている		8
zhǐ	只	副	～だけ、～しかない		2
zhǐyào ～ jiù …	只要～就…		～さえすれば…		6
Zhōngguó	中国	名	中国		1
zhōngguócài	中国菜	名	中国料理		7
Zhōngqiūjié	中秋节	名	中秋節		11
Zhōngwén	中文	名	中国語		6
zhòngyào	重要	形	重要である		12
zhōu	周	名	週		10
zhōumò	周末	名	週末		6
zhōuwéi	周围	名	周り		7
zhōuyóu	周游	動	周遊する		6
zhù	住	動	住む		5
-zhù	-住		（結果補語）しっかり～する		5
zhuānyè	专业	名	学科、専攻		1
zhuànqián	赚钱	動	稼ぐ、金を儲ける		10
zhǔnbèi	准备	動	準備する		5
zìcóng	自从	前	～から		6
zìjǐ	自己	代	自分		2
zìmù	字幕	名	字幕		6
zìxíngchē	自行车	名	自転車		12
zìyóuzìzài	自由自在	成語	思いのままに		2
zǒngshì	总是	副	いつも		9
zòngzi	粽子	名	ちまき		11
zǒu	走	動	歩く		4
zúqiú	足球	名	サッカー		4
zǔfù	祖父	名	祖父		2
zǔmǔ	祖母	名	祖母		2
zuì	最	副	最も		4
zuìhòu	最后	名	最後		8
zuìjìn	最近	名	最近		8
zuótiān	昨天	名	昨日		1
zuówǎn	昨晚	名	昨晩		10
zuǒyòu	左右	名	～ぐらい、～前後		5
zuò	做	動	① する		4
			② 作る		3
zuò	坐	動	① 座る		4
			② 乗る		2
zuòyè	作业	名	宿題		3

著者略歴

劉　穎（りゅう　えい）
　　前北京市外国語学校卒業。関西大学大学院博士後期課程単位取得退学。
　　元北京外国語師範学院（現首都師範大学外国語学院）専任講師。
　　成城大学名誉教授。
柴　森（さい　しん）
　　中国山東大学卒業。北京大学大学院修士課程修了。
　　元北京語言大学専任講師。現在、早稲田大学、中央大学講師。
杉野元子（すぎの　もとこ）
　　慶應義塾大学大学院博士後期課程単位取得退学。
　　慶應義塾大学教授。
小澤正人（おざわ　まさひと）
　　早稲田大学大学院博士後期課程単位取得退学。
　　成城大学教授。

２冊めの中国語《会話クラス》

2024 年 2 月 1 日　印刷
2024 年 2 月 10 日　発行

著　者ⓒ　　劉　　　穎
　　　　　　柴　　　森
　　　　　　杉　野　元　子
　　　　　　小　澤　正　人
発行者　　　岩　堀　雅　己
印刷所　　　倉敷印刷株式会社

発行所　101-0052 東京都千代田区神田小川町 3 の 24　株式会社　白水社
　　　　電話 03-3291-7811（営業部），7821（編集部）
　　　　www.hakusuisha.co.jp
　　　　乱丁・落丁本は、送料小社負担にてお取り替えいたします。

振替 00190-5-33228　　　　　Printed in Japan　　　　　誠製本株式会社

ISBN978-4-560-06944-8

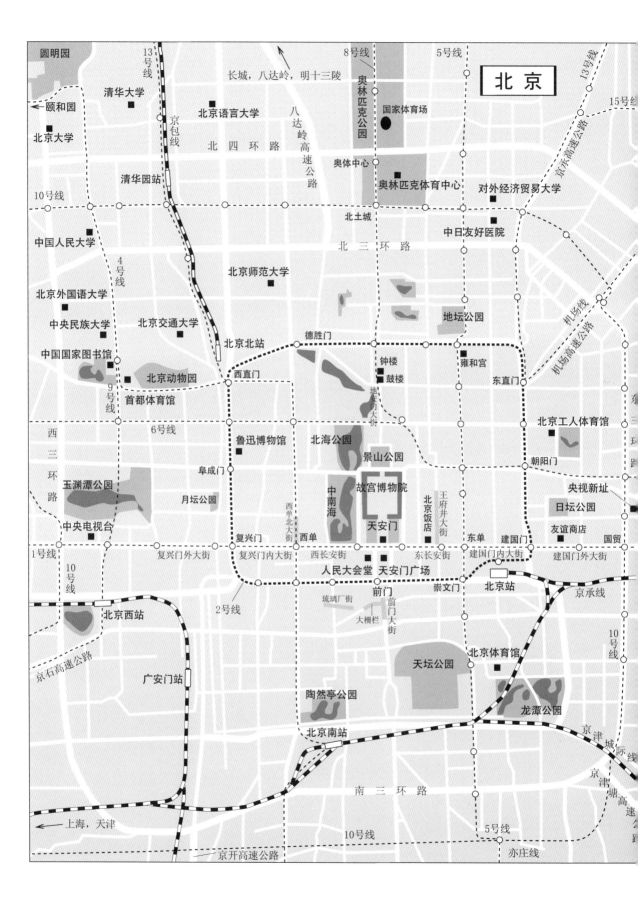

圆明园

清华大学

← 颐和园

北京大学

北京语言大学

长城，八达岭，明十三陵

8号线

5号线

13号线

15号线

北 京

13号线

京包线

京承高速公路

八达岭高速公路

北 四 环 路

清华园站

奥林匹克公园

国家体育场

10号线

奥体中心

奥林匹克体育中心

对外经济贸易大学

中国人民大学

北 三 环 路

中日友好医院

4号线

北京师范大学

北京外国语大学

中央民族大学

北京交通大学

地坛公园

机场线

机场高速公路

中国国家图书馆

北京北站

德胜门

钟楼

鼓楼

雍和宫

东直门

9号线

北京动物园

西直门

地安门大街

首都体育馆

6号线

鲁迅博物馆

北海公园

景山公园

北京工人体育馆

西 三 环 路

玉渊潭公园

阜成门

北京饭店

朝阳门

月坛公园

故宫博物院

中南海

王府井大街

央视新址

中央电视台

西单北大街

西单

天安门

北京饭店

日坛公园

友谊商店

1号线

复兴门

东单

建国门

国贸

10号线

复兴门外大街

复兴门内大街

西长安街

东长安街

建国门内大街

建国门外大街

人民大会堂

天安门广场

前门

崇文门

北京站

京承线

琉璃厂街

前门大街

2号线

大栅栏

北京西站

北京体育馆

10号线

京石高速公路

天坛公园

广安门站

龙潭公园

陶然亭公园

京津塘高速公路

京津城际线

北京南站

南 三 环 路

← 上海，天津

5号线

10号线

亦庄线

京开高速公路

1	北海道	Běihǎidào	26	京都	Jīngdū
2	青森	Qīngsēn	27	大阪	Dàbǎn
3	岩手	Yánshǒu	28	兵库	Bīngkù
4	宫城	Gōngchéng	29	奈良	Nàiliáng
5	秋田	Qiūtián	30	和歌山	Hégēshān
6	山形	Shānxíng	31	鸟取	Niǎoqǔ
7	福岛	Fúdǎo	32	岛根	Dǎogēn
8	茨城	Cíchéng	33	冈山	Gāngshān
9	栃木	Lìmù	34	广岛	Guǎngdǎo
10	群马	Qúnmǎ	35	山口	Shānkǒu
11	埼玉	Qíyù	36	德岛	Dédǎo
12	千叶	Qiānyè	37	香川	Xiāngchuān
13	东京	Dōngjīng	38	爱媛	Àiyuán
14	神奈川	Shénnàichuān	39	高知	Gāozhī
15	新潟	Xīnxì	40	福冈	Fúgāng
16	富山	Fùshān	41	佐贺	Zuǒhè
17	石川	Shíchuān	42	长崎	Chángqí
18	福井	Fújǐng	43	熊本	Xióngběn
19	山梨	Shānlí	44	大分	Dàfēn
20	长野	Chángyě	45	宫崎	Gōngqí
21	岐阜	Qífù	46	鹿儿岛	Lù'érdǎo
22	静冈	Jìnggāng	47	冲绳	Chōngshéng
23	爱知	Àizhī			
24	三重	Sānchóng			
25	滋贺	Zīhè			

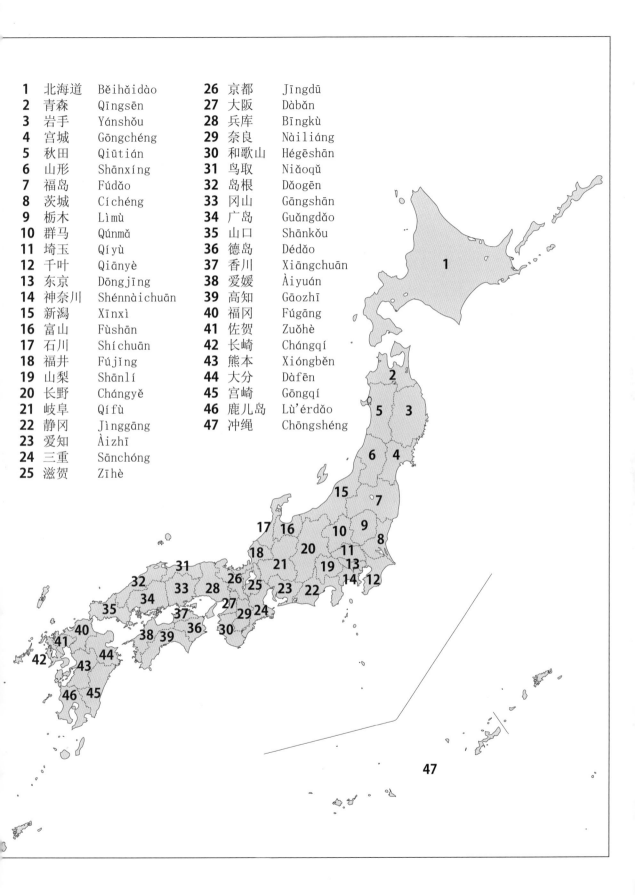